『十三五』国家重点出版物出版规划项目

……意＋』传统产业融合发展研究系列丛书 第一辑

……主编

“文化创意+”

农业融合发展

张振鹏 著

知识产权出版社

全国百佳图书出版单位

图书在版编目（CIP）数据

“文化创意 +”农业融合发展 / 张振鹏著 . -- 北京：知识产权出版社，2019.4

（“文化创意 +”传统产业融合发展研究系列丛书 / 牛宏宝，耿秀彦主编 . 第一辑）

ISBN 978-7-5130-6171-1

Ⅰ . ①文… Ⅱ . ①张… Ⅲ . ①农业产业—产业发展—研究—中国 Ⅳ . ① F323

中国版本图书馆 CIP 数据核字（2019）第 053066 号

内容提要

实施乡村振兴战略背景下，文化创意与农业融合发展不仅是一种产业经济形式，也是一种农业文明的展示形式，还是一种面向新消费的服务形式。本书立足时代特征与现实基础，结合重点案例，归纳了“文化创意 + 农业融合发展”的新兴业态，分析了融合发展路径机制以及宏观、中观、微观管理问题，并展望了未来的发展方向。

责任编辑：李石华　　**责任印制：**刘译文

“文化创意 +”传统产业融合发展研究系列丛书（第一辑）

牛宏宝　耿秀彦　主编

“文化创意 +”农业融合发展

“WENHUA CHUANGYI+” NONGYE RONGHE FAZHAN

张振鹏　著

出版发行：	知识产权出版社 有限责任公司	**网　　址：**	http：//www.ipph.cn
电　　话：	010－82004826		http：//www.laichushu.com
社　　址：	北京市海淀区气象路50号院	**邮　　编：**	100081
责编电话：	010-82000860转8072	**责编邮箱：**	lishihua@cnipr.com
发行电话：	010-82000860转8101	**发行传真：**	010－82000893
印　　刷：	三河市国英印务有限公司	**经　　销：**	各大网上书店、新华书店及相关书店
开　　本：	720mm × 1000mm　1/16	**印　　张：**	13
版　　次：	2019年4月第1版	**印　　次：**	2019年4月第1次印刷
字　　数：	250千字	**定　　价：**	49.00元

ISBN 978-7-5130-6171-1

序言

未来的竞争，不仅仅是文化、科技和自主创新能力的竞争，更将是哲学意识和审美能力的竞争。文化创意产业作为“美学经济”，作为国家经济环节中的重要一环，其未来走势备受关注。

党的十八大提出“美丽中国”建设。党的十九大报告提出“推动新型工业化、信息化、城镇化、农业现代化同步发展”“推动中华优秀传统文化创造性转化、创新性发展”“不忘本来、吸收外来、面向未来、更好构筑中国精神、中国价值、中国力量，为人民提供精神指引”。毋庸置疑，未来，提高“国家内涵与颜值”，文化创意产业责无旁贷。

2014 年 1 月 22 日，国务院总理李克强主持召开国务院常务会议部署推进文化创意和设计服务与相关产业融合发展。会议指出，文化创意和设计服务具有高知识性、高增值性和低消耗、低污染等特征。依靠创新，推进文化创意和设计服务等新型、高端服务业发展，促进与相关产业深度融合，是调整经济结构的重要内容，有利于改善产品和服务品质、满足群众多样化需求，也可以催生新业态、带动就业、推动产业转型升级。之后，“跨界”“融合”就成了我国国民经济发展，推动传统产业转型升级的热词。但是，如何使文化更好地发挥引擎作用？文化如何才能够跨领域、跨行业地同生产、生活、生态有机衔接？如何才能引领第一产业、第二产业、第三产业转型升级？这些都成了我国经济结构调整关键期的重要且迫在眉睫的研究课题。

开展"'文化创意 +'传统产业融合发展研究"，首先要以大文化观、大产业观梳理出我国十几年来文化创意产业发展中存在的问题，再以问题为导向，找到问题的症结，给出解决问题的思路和办法。

我国发展文化创意产业至今已有十几个年头，十几年来，文化创意产业的发展虽然取得了非常显著的成就，但也存在一些发展中的困难和前进中的问题，制约了文化创意产业的更大、更好发展。习近平总书记的"美丽中国""文化自信""核心价值观"以及"培育新型文化业态和文化消费模式"的提出，无不体现党和国家对文化、文化产业以及文化创意产业的高度重视。2017 年 8 月，北京市提出"把北京打造成全国文化创意产业引领区，打造成全国公共文化服务体系示范区"的发展思路，建设全国文化中心。这可以说再一次隆重地拉开了文化创意产业大发展的序幕，同时也为全国的城市发展和产业转型升级释放出发展的信号，指明了一个清晰的发展方向——建设文化引领下的城市与发展文化引领下的产业。

现在，到了认真回顾发展历程与展望未来的一个重要时间节点。当前，我们应该沉下心来，冷静地思考，回顾过去、展望未来。回顾过去是为了总结经验，发现不足，梳理思路，少走弯路，找出问题的症结；展望未来会使我们更有信心。回顾过去的十几年，大致可分为五个阶段。

第一阶段：798 阶段。自 2002 年 2 月，美国罗伯特租下了 798 的 120 平方米的回民食堂，改造成前店后公司的模样。罗伯特是做中国艺术网站的，一些经常与他交往的人也先后看中了这里宽敞的空间和低廉的租金，纷纷租下一些厂房作为工作室或展示空间，798 艺术家群体的"雪球"就这样滚了起来。由于部分厂房属于典型的现代主义包豪斯风格，整个厂区规划有序，建筑风格独特，吸引了许多艺术家前来工作、定居，慢慢形成了今天的 798 艺术区。2007 年，随着党的十七大"文化大发展、大繁荣"战略目标的提出，全国各地的文化创意产业项目开始跃跃欲试，纷纷上马。

在这个阶段，人们一旦提起文化创意产业就会想起 798 艺术区；提起什么才是好的文化创意产业项目，人们也会认为 798 艺术区是个很好的范例。于是，全国各地负责文化产业的党政干部、企事业相关人员纷纷组成考察团到 798 艺术区参观、学习、考察，一一效仿，纷纷利用闲置的厂区、空置的车间、仓库引进艺术家，开始发展各自的文化创意产业。然而，几年下来，很多省市的"类 798 艺术区"不但产业发展效果不明显，有的甚至连艺术家也没有了。总之，大同小异，存活下来的很少。总体来说，这个阶段的优点是工业遗存得到了保护；缺点是盈利模式单一，产业发展效果不尽人意。

第二阶段：动漫游戏阶段。这个阶段涵盖时间最长，基本上可以涵盖 2005—2013 年，覆盖面最广，范围最大，造成一些负面影响。在这个阶段，文化创意产业领域又出现了一种普遍现象，人们一旦提起文化创意产业就一定会提到动漫游戏；一旦问到如何才能很好地发展文化创意产业，大多数人都认为打造文化创意产业项目就是打造动漫产业项目。于是，全国各省市纷纷举办“国际动漫节”，争先恐后建设动漫产业园，好像谁不建动漫产业园谁就不懂得发展文化创意产业，谁不建动漫产业园谁就跟不上时代的步伐。建设动漫产业园之势可谓是浩浩荡荡、势不可当。浙江建，江苏也建；河北建，河南也建；广东建，广西也建；山东建，山西也建。一时间，全国各省市恨不得都做同样的事，也就是人们都在做同样的生意，因此形成了严重的同质化竞争。几年下来，全国建了一批又一批动漫产业园，大多数动漫产业园基本上又是一个模式、大同小异：很多房地产开发商纷纷打着文化的牌子，利用国家政策，借助政策的支持，跑马圈地。其结果是不但动漫产业没发展起来，甚至是连个像样的产品都没有，结果导致很多动漫产业园又成了一个个空城。归纳一下，这个阶段的优点是游戏得到了很好的发展，尤其是网络游戏；缺点是动漫产业发展不尽人意，动漫产业园更是现状惨淡，可谓是一塌糊涂。

第三阶段：文艺演出、影视阶段。随着文化创意产业发展的不断深入，我国文化创意产业又开始进入文艺演出热阶段，在这个阶段一旦提起文化创意产业，人们又开始认为是文艺演出、文艺节目下乡、文艺演出出国、文艺演出走出去等，可谓是你方唱罢我登场，热闹非凡。在这个阶段，人们都又开始把目光投到文艺演出上，具体表现在传统旅游景点都要搞一台大型的文艺演出、各省市借助传统民俗节庆名义大搞文艺演出活动，甚至不惜巨资。2010 年 1 月，随着国务院《国务院办公厅关于促进电影产业繁荣发展的指导意见》的出台，我国又开始掀起电影电视产业发展新高潮。有一项调查表明：2009 年、2010 年、2011 年连续三年每年都拍 1000 多部影视剧，但是 20% 盈利、30% 持平、50% 赔钱，这还不包括那些没有被批准上映的影视剧。在全国各省市轰轰烈烈开拍各种各样题材的影视片的同时，一些对国家政策较为敏感的企业，尤其是房地产企业，也把目标瞄向了影视产业，开始建立影视产业园，于是影视产业园如雨后春笋般地出现在全国各省市。其形式同动漫产业园基本类同，不外乎利用政策的支持，变相跑马圈地。

这个阶段的优点是文艺演出、影视得到了相应的发展；缺点是大多数影视产业园名不副实。

第四阶段：无所适从阶段。2013 年，经过前几个阶段后，可以说是直接把文化创意产业推入了一个尴尬的境地，其结果是导致文化创意产业直接进入第四个阶段。可以说，几乎是全国各地各级管理部门、各企事业单位、甚至是整个市场都进入了一个无所适从阶段。在这个阶段，人们认为什么都是文化创意产业，什么都得跟文化、创意挂钩，恨不得每个人都想从文化创意产业支持政策中分得一杯羹。总之，在这个阶段，政府犹豫了，不知道该引进什么项目了；企业犹豫了，不知道该向哪个方向投资了；更多的人想参与到文化创意产业中来，又不知道什么是文化、什么是创意、什么是文化创意产业，真可谓是全国上下无所适从。

第五阶段：跨界·融合阶段。2014 年 2 月 26 日，《国务院关于推进文化创意和设计服务与相关产业融合发展的若干意见》的发布，真正把我国文化创意产业引向了一个正确的发展方向，真正把我国文化创意产业发展引入了一个正确发展轨道——跨界·融合的发展之路。如何跨界、如何融合？跨界就是指让文化通过创造性的想法，跨领域、跨行业与人们的生产、生活、生态有机衔接。融合就是让文化创意同第一产业、第二产业、第三产业有机、有序、有效融合发展。可以这么说，2014 年是我国文化创意产业发展的一个新的里程碑，也是一个分水岭，对我国文化创意产业的良性发展产生了积极的促进作用。

回顾过去五个阶段，我们深深意识到，中国经济进入发展新阶段处在产业转型期，如何平稳转型落地、解决经济运行中的突出问题是改革的重点。现在，虽然经济从高速增长转为中高速增长，但是进入经济发展新常态，必须增加有效供给。文化产业、文化创意产业作为融合精神与物质、横跨实物与服务的新兴产业，推动供给侧结构性改革责无旁贷。

在经济新常态下，文化的产业化发展也进入了一个新常态，在产业发展新常态下，文化产业的发展也逐步趋于理性，文化、文化产业、文化创意产业的本质也逐渐清晰。随之而来的是文化产业的边界被逐渐打破，不再有局限，范围被逐渐升级和放大。因此，促使文化加快了跨领域、跨行业和第一产业、第二产业、第三产业有机、有序、有效融合发展的步伐。

在产业互联互通的背景下，文化创意产业并不局限于文化产业内部的跨界融合，而正在和农业、工业、科技、金融、数字内容产业、城乡规划、城市规划、建筑设计、国际贸易等传统行业跨界融合。文化资源的供应链、文化生产的价值链、文化服务的品牌链，推动了文化生产力的高速成长。

在产业大融合的背景下，文化创意产业以其强大的精神属性渐趋与其他产业融合，产业之间的跨界融合将能更好地满足人们日益增长的个性化需求。打通文化创意产业的上下游链条，提升企业市场化、产业化、集约化程度，是有效推动我国经济结构调整，产业结构转型升级的必然选择。

基于此，我们整合了来自于政府部门、高等院校、科研机构、领军行业等的相关领导、学者、专家在内的百余人的研究团队，就"'文化创意+'传统产业融合发展"进行了为期三年的调查研究和论证，形成了一个较为完善的研究框架。调研期间，我们组成26个课题组，以问题为导向，有的放矢地针对国内外各大传统产业及相关行业进行实地调研，深入了解"文化创意+"在传统产业发展中的定位、作用、重点发展领域以及相关项目。在调研成果基础上，我们从"农业""电力工业""旅游业""金融业""健康业""广告业""会展业""服饰业""动漫游戏""生态环境产业""产城融合""国际贸易"等26个角度，全方位剖析"文化创意+"与传统产业融合发展的路径与模式，力图厘清"文化创意+"与传统产业融合发展的当下与未来，找到我国经济结构调整、传统产业转型升级的重要突破口。

同时，在每个子课题内容上，从案例解析、专家对话与行业报告等多个层面进行叙述，研究根植于"文化创意+"传统产业融合发展的实践过程，研究结果也将反作用于"文化创意+"传统产业融合发展的实践，从提出问题入手，全面分析问题，对趋势进行研判。研究成果将能够为文化建设、文化产业转型升级、传统产业可持续发展的实际提供借鉴，最终探索出"文化创意+"与传统产业融合发展的现实路径。

截至今日，已完成系列丛书的第一辑，共12分册，即《"文化创意+"农业产业融合发展》《"文化创意+"电力工业融合发展》《"文化创意+"旅游业融合发展》《"文化创意+"健康业融合发展》《"文化创意+"金融业融合发展》《"文化创意+"服饰业融合发展》《"文化创意+"动漫游戏融合发展》《"文化创意+"广告业融合发展》《"文化创意+"会展业融合发展》《"文化创意+"产城融合发展》《"文化创意+"生态环境产业融合发展》《"文化创意+"国际贸易融合发展》。其余的课题，将会陆续完成。

本套丛书紧紧围绕如何服务于党和国家工作大局，如何使文化产生更高生产力，如何使文化发挥引擎作用，引领第一产业、第二产业、第三产业转型升级展开，以问题为导向，本着去繁就简的原则，从文化创意产业的本质问题和26个相关行业融合发展两方面展开。

第一方面以大文化观、大产业观深刻剖析文化创意产业的本质。2016年3月，此课题被列入“十三五”国家重点出版物出版规划项目后，我们即组织专家学者，重新对文化创意产业的本质问题就以下几个核心方面进行了系统梳理。

1. 文化创意产业的相关概念与定义

文化是人类社会历史发展过程中所创造的物质财富及精神财富的总和。是国家的符号，是民族的灵魂，是国家和民族的哲学思想，是城市与产业发展的引擎，更是供给侧的源头。

创意是指原创之意、首创之意。是智慧，是能量，是文化发展的放大器，是文化产业发展的灵魂，是传统产业转型升级的强心剂，更是新时代生产、生活、生态文明发展的核心生产力。

产业是指行业集群。是国家的支柱，是命脉，是人们赖以生存的根本，更是文化发展、国家经济结构调整的关键所在。

文化创意产业是把文化转化为更高生产力的行业集群。是文化产业与第一产业、第二产业、第三产业的整体升级和放大，是新时代最高级别的产业形态。

2. 我国发展文化创意产业的意义

文化创意产业项目的规模和水平，体现了一个国家的核心竞争力，我国发展文化创意产业，对于调整优化我国产业结构，提高我国经济运行质量；传承我国优质文化，弘扬民族先进文化；丰富人民群众文化生活，提升人民群众文化品位，增强广大民众的历史使命感与社会责任感；培育新型文化业态和文化消费模式，引领一种全新而美好的品质生活方式；提升国家整体形象，提升我国在国际上的话语权，增强我国综合竞争力，促进传统产业的转型升级与可持续发展都具有重大战略意义。

3. 我国发展文化创意产业的目的

我国发展文化创意产业的目的是使原有的文化产业更具智慧，更具内涵，更具魅力，更具生命力，更具国际竞争力，更能顺应时代发展需要；能够使文化发挥引擎作用，激活传统产业，引领其转型升级。

我国发展文化创意产业，从宏观上讲，是赶超世界先进发达国家水平，提升国家整体形象；从微观上讲，是缓解我国产业转型升级压力，弥补城市精神缺失，解决大城市病的问题；从主观上讲，是丰富人民群众文化生活，提升人民群众文化品位，使人民群众充分享受文化红利，缩小城乡居民待遇差距；从客观上讲，是全国人民自愿地接受新时代发展需要的产城融合，配合文化体制、城乡统筹一体化的改革。

总之，我国发展文化创意产业的最终目的是，把文化转化为更高生产力；把我国丰富、优质而正确的文化内容通过创造性的想法融入产品、产业发展的审美之中，融入人们的生产、生活、生态的审美之中，然后按照市场经济的规律，把它传播、植入、渗透到世界各地。

4. 文化创意产业的经济属性、原则和规律

文化创意产业，说到底还是经济行为，既然是经济行为，就应该有经济属性，文化创意产业的经济属性是美学经济，因为文化创意产业的所有板块均涉及如何将丰富的文化内容创造性地融入其产品的审美之中。

美学经济是文化创意产业发展的规律和原则，也就是说原有产业由于美之文化的介入，会增加内涵、提升魅力并形成正确而强大的精神指引，以此促使产业链的无限延伸与裂变。文化创意产业所指的美是需要设计者、创作者等能够充分了解美的一般规律和原则，并遵循这个规律和原则。既然是规律就要遵循、既然是原则就不可违背，所以说文化创意产品必须是美的，不但表现形式美，更要内容美，也就是说一个好的文化创意产品必须是从内到外都是美的，因为美就是生产力。

5. 文化创意的产品特点、产业特征、产业特性

产品特点：原创性，具有丰富、优质、正确、正能量的文化内涵，有一定的艺术欣赏价值和精神体验价值，低成本、高附加值，可以产生衍生品且其衍生品可大量复制、大规模生产，有一条完整的产业链。

产业特征:以文化为本源，以科技为后盾，以艺术体验为诉求，以市场为导向，以产业发展为出发点，以产业可持续发展为落脚点，以创意成果为核心价值，以美学经济为发展原则。对资源占用少，对环境污染小，对经济贡献大。

产业特性：以文化为价值链的基础，进行产业链的延伸与扩展，文化通过创意与相关产业融合使其产业链无限延伸并形成生物性裂变，从而使文化创意产业形成几何式增长。

第二方面了解文化创意与传统产业融合发展的方向、方式和方法。关于这方面内容，在各个分册中有详细阐述。

总之，我国文化创意产业的兴起，标志着生活艺术化、艺术生活化，产业文化化、文化产业化，产业城市化、城市产业化，文化城市化、城市文化化时期的到来；意味着文史哲应用化时期的开始；预示着一种全新而美好的品质消费时代的降临。基于此，在这样一个全新的历史时期，文化创意产业应如何发展？文化创意应如何引领传统产业转型升级？文化创意产业重点项目应如何打造？又如何把它合理规划并形成可持续发展产业？是我国经济发展的迫切需要；是直接关系到能否实现我国经济结构调整、传统产业转型升级并跨越式发展的需要；是我们如何顺应时代潮流，由“文化大国”向“文化强国”迈进的重大战略的需要；是我们有效践行“道路自信、理论自信、制度自信、文化自信”的需要。

在我国经济结构调整、传统产业转型升级的关键时期，要发展我国文化创意产业，就必须加快推进文化创意与传统优质产业融合发展的国际化进程，在生产方式和商业模式上与国际接轨；必须做到理论先行，尽快了解文化创意产业的本质，确立适合自身发展的商业模式；必须尽快提高文化创意产业项目的原创能力、管理水平、产业规模和国际竞争力，在国内与国际两个市场互动中，逐步向产业链上游迈进；在产业布局上，与国际、国内其他文化创意产业项目避免同质竞争，依托我国深厚而多元的文化优势、强大而充满活力的内需市场加之党和国家的高度重视、大力支持以及社会各界的积极参与。可以预见，一定会涌现出越来越多的属于我国自身的、优秀的独立品牌；必将会形成对我国经济结构调整、传统产业转型升级的巨大推动效应；必将会成为国际、国内一流的战略性新兴产业集聚效应的成功典范；也必将成为国际关注的焦点。

本套丛书的出版，将是新时代理论研究的一项破冰之举，是实现文化大发展、经济大融合、产业大联动、成果大共享的文化复兴的创新与实践。当然，一项伟大的工程还需要一个伟大的开端，更需要有一群敢为天下先的有志之士。纵观中国历史上的文化与产业复兴，没有先秦诸子百家争鸣，就没有两汉农业文明的灿烂；没有魏晋思想自由解放，就没有唐明经济的繁荣；没有宋明理学深刻思辨，就没有康乾盛世的生机盎然。基于此，才有了我们敢于破冰的勇气。

由于本人才疏学浅，其中不乏存在这样或那样的问题，还望各位同人多提宝贵意见和建议；希望能够得到更多有志之士的关注与支持；更希望“‘文化创意+’

传统产业融合发展研究”这项研究成果，能够成为我国经济结构调整、产业结构转型升级最为实际的理论支撑与决策依据，能够成为行业较为实用的指导手册，为实现我国经济增长方式转变找到突破口。

最后，我谨代表“十三五”国家重点出版物出版规划项目“‘文化创意+’传统产业融合发展研究系列丛书”课题组全体成员、本套丛书的主编向支持这项工作的领导、同人以及丛书责任编辑的辛勤付出表示衷心感谢！由衷地感谢支持我们这项工作的每一位朋友。

是为序！

耿秀彦

2019年3月

前言

农业强、农村美、农民富，是建设我国全面小康社会和实现社会主义现代化的重要目标。党的十九大报告提出乡村振兴战略，以及“产业兴旺、生态宜居、乡风文明、治理有效、生活富裕”的总要求，加快推进农业农村现代化建设。乡村振兴的产业兴旺，不是传统农业的单一化发展，而是需要用好乡村人文资源和自然资源的优势，挖掘农业多元价值，推动乡村产业深度融合，促进乡村经济多元化。

文化创意是以文化为元素、融合多元文化、利用不同载体而构建的再造与创新的文化现象。人类文明发轫于农耕社会，农村文化是传统文化的家园。在现代社会，农村文化依然是与城市文化并存的一种文化，许多城里人生活在都市却处处以农村为归依，有所谓“乡土中国”的情怀。因此，农村从来不缺少文化创意的元素和基础。

农业是提供支撑国民经济建设与发展的基础产业，是第一产业。推进农村一、二、三产业融合发展，是我国当前深化农业供给侧结构性改革、推动乡村产业振兴的重要抓手，是促进农民持续增收、决胜全面建成小康社会的有效途径。当世界经济步入创意经济时代，“文化创意 +”农业融合发展成为伴随消费需求升级发展起来的新型现代农业发展方式，是文化创意与现代农业相结合的产物。它以人的智慧为创意源泉，以文化创意为核心，赋予农业发展以崭新的思维和理念。“文化创意 +”农业构筑多层次的全景产业链，通过创意把文化艺术活动、农业技术、农副产品和农耕活动，以及市场需求有机结合起来，形成彼此良性互动的产业价值体系，为农业和农村的发展开辟全新的空间，并实现价值最大化。

2011年，在一次文化产业论坛上，我听到两种针锋相对的观点，一种观点认为文化创意产业可以在农村得到广阔的发展空间，而另一种观点则认为文化创意产业是城市的专属产物，农村需要关注民生、人口、医疗、教育等问题，不具备发展文化创意产业的基础条件。带着疑惑，我查阅了大量文献，并进行了广泛的实地调研，终于有所发现。在现实当中，不是所有的农村都适宜发展文化创意产业，但是文化创意产业对于农村经济社会发展具有重要意义，尤其是在产业层面的文化创意与农业融合发展，国内外都有鲜活的成功案例。

2012年我申报的教育部人文社会科学项目《农村文化创意产业发展研究》获准立项，使我对农村文化、农业发展、农村文化创意产业、文化创意与农村农业等问题有了继续深入研究的契机。2015年我完成了教育部课题研究报告，并达到免于鉴定的要求。经过补充和修改，在教育部课题研究报告的基础上有了本书。

由于本书涉及的“文化创意”“农业”“产业融合”三个主题都是理论与实践在不断探索的问题，与之相关的新问题又不断涌现，再加上自身水平和能力有限，本书存在诸多不足。敬请各位读者多提宝贵意见，以使相关研究能够更好地推进，并在实践中得到验证和应用。

目录

53 第三章 “文化创意 +”农业融合发展业态

109

第四章 “文化创意 +”农业融合发展路径机制

125

第五章 “文化创意 +”农业融合发展管理

第一章

“文化创意+”农业融合发展背景

随着创意经济时代的到来和世界创意浪潮的兴起，创意所蕴藏的巨大价值正在逐步显现。创意是一种精神和一种思维，也是一种生产要素和一种生产力。伴随着消费需求升级，人文和科技要素融入农业生产，“文化创意+”农业融合发展成为实践领域的必然选择和趋势，并且赋予农业和农村勃勃生机，不仅为人们提供文化含量较高的产品和服务，满足人们精神需求，形成新的消费市场，更为重要的是实现了多种产业形式的融合，促进产业创新和结构升级，推动区域经济社会发展。

第一节　文化创意产业崛起

当今世界，文化和创意这两个元素已经成为驱动人类社会进步的重要的新生力量，融文化理念、创意能力、产业方式为一体的文化创意产业应运而生。文化创意产业在推动经济发展的同时，大大降低了对能源、土地等有形资源要素的消耗和依赖，差异化的文化创意产品可以满足人们的不同需求，并给社会带来全方位的改造和更新。即使在农村，文化创意产业也展现出令人瞩目的发展成果。

文化创意产业是典型的实践先行的产业，理论研究主要来自于对实践经验的归纳。目前，主要有“文化产业”“创意产业”“文化创意产业”三个语义交叉和关联并经常被混用的概念。而事实上，这三个概念出现的背景不同，内含意义存在差别，在实践中也发挥着不同的功能。

一、从“文化产业”到“创意产业”

文化产业的概念在霍克海默和阿多诺 1947 年出版的著作《启蒙辩证法》中，意指凭借现代科学技术手段大规模地进行复制、传播被商品化的、非创造性的、带有强烈意识形态色彩的文化产品的娱乐工业体系。作者认为实践领域将文化通过工业化手段的表现方式，使文化具有商品化、齐一化、机械化、强迫性和意识形态性特征，文化产业作为产业资本的附庸是应该被批判的。

但是，文化产业并没有因为早期理论研究的否定态度而停滞，反而在很多国家呈现出快速发展的趋势，成为经济社会发展的重要组成部分。从 20 世纪 80 年代开始，联合国教科文组织“世界文化政策大会”明确把文化发展纳入全球经济、政治和社会的一体化进程，并把推动文化发展当作各国政府所应当做出的承诺。

联合国教科文组织对文化产业的定义是：按照工业标准，生产、再生产、储存以及分配文化产品和服务的一系列活动。

创意产业的概念出自 1998 年英国政府发布的 *Exports：Our Hiddien Potenial*、*The Regional Dimension*、*The Next 10 Years*、*Creative Industries Mapping Document*、*Creative Industries Economics Estinmtes* 等一系列报告。他们将创意产业定义为那些源自个人创意、技巧及才华，通过知识产权开发和运用，具有创造财富和就业潜力的行业。

以文化大国自居的英国，预见到文化与经济相结合的巨大潜力，于是将面向 21 世纪的文化战略调整提上日程。但是，传统意义的文化与产业是相互分割和矛盾的，英国政府顾虑文化保守人士对于文化的产业化有悖于文化追求的高雅品质而庸俗化的批评态度。当时执政英国的布莱尔政府并没有直接推行文化产业，而是强调文化为塑造英国民族特征所起到的独特作用及其在文化多元化方面的重要性，为文化事业自我发展的产业化经营模式寻求新的路径。于是以文化大臣为首，包括政府各部高级官员和社会知名人士的创意产业行动小组成立，文化作为创意产业的一部分名正言顺地为产业发展做贡献。这也帮助政府化解和淡化了诸多矛盾，并为政府针对创意产业里文化发展的政策导向和资金支持提供了一个变通的说法。

“创意”一词激发了人们对这个新兴产业的理解，以尊重和支持文化创新为原则，将文化与产业巧妙地结合起来，从产业自身发展动力的角度强调文化的重要意义。部分英联邦成员国家和地区，如澳大利亚、新西兰、新加坡也使用“创意产业”的概念。

从定义的比较可以发现，文化产业与创意产业在覆盖的产业领域上存在重复和交叉，但的确是两个不同的概念。首先，文化产业提出的时间远远早于创意产业。文化产业的提出可以追溯到 20 世纪初法兰克福学派的描述，创意产业作为一种国家产业发展战略概念的提出是在 20 世纪末，与文化产业相比，创意产业是后起之秀。其次，从产业形态上说，创意产业是对文化产业的扩充和发展，它既保留了传统文化产业那些带有明显创意特征的核心门类和外围门类，又拓展到日常生活品的生产和制造业。再次，从产业发展重点上看，文化产业更强调文化的工业化复制和商品化推广，强调的是文化与经济的双向互融；创意产业在这一过程中更加突出创意的融入，更加强调创意作为商品的主导和标志性元素进而提高商品的附加值。

由此可见，创意产业是在知识经济背景下文化产业发展的新阶段，是文化产业进一步发展和提升产业价值的新源头及推动力。[①]

二、文化创意产业的中国特性

虽然文化产业和创意产业存在差异，但这两个概念都是由国外传入中国的，而文化创意产业与它们完全不同。

世界上最先使用"文化创意产业"概念的是中国台湾地区。2002 年，台湾地区经济建设委员会将"文化创意产业"列为"挑战 2008 重点发展计划"中的一项，并将其描述为"源自于创意或文化积累，透过智慧财产的形式与运用，具有创造财富与就业机会潜力，并促进整体生活提升之行业"。[②] 与"文化产业"的称谓相比较，"文化创意产业"只是在名称上多了"创意"两个字，意义却相差甚多。新名称的内涵除了延续过去的"文化产业"，同时联结上欧美流行的"创意产业"潮流，于是新创了全世界独一无二的"文化创意产业"名词。

2006 年，中共中央办公厅、国务院办公厅印发了《国家"十一五"时期文化发展纲要》，"文化创意产业"这一概念首次出现在党和政府的重要文件之中。此后，文化创意产业的发展成为继知识经济、信息时代后中国政界、学术界乃至民间的又一个热门话题。

北京最早在文化创意产业优化政策环境、提升自主创新能力、拓宽融资渠道、培育市场体系、搭建交易平台、完善工作机制等方面均取得突破。北京市 2006 年年底出台的我国大陆首个文化创意产业的分类标准与国家统计局发布的文化产业标准相比，更加强调文化、经济、技术的深度融合，其范围既包括文化产业的内容，同时也包括文化产业以外的科技创新活动内容。2006 年，"京台文化创意产业交流会"在北京举办，成为海峡两岸文化、经济、思想等领域的广泛交流的重要平台，同时标志着两岸之间在文化传承以及对未来展望上的默契与共识。

---

① 张振鹏．文化创意产业的中国特性和中国道路［J］．经济问题探索，2011（11）．

② 马群杰，杨开忠，汪明生．台湾地区文化产业发展研究：台南与台北、台中及高雄之比较［J］．公共管理学报，2007（4）．

十七大报告中明确提出，要大力发展文化创意产业，实施重大文化创意产业项目带动战略，加快文化创意产业基地和区域性特色文化创意产业集群建设，推动社会主义文化大发展大繁荣。世界上最早由政府出面使用“文化创意产业”这一概念的，就是中国。

文化产业在英语中译为 cultural industry，创意产业译为 creative industry，很多人将文化创意产业直接英译为 cultural creative industry。这样简单的词汇叠加难免使人错误地认为文化创意产业只是文化产业或者创意产业的另一种表达方式，忽略了这个名词的内在逻辑和产业的实质内容，甚至有人将文化创意产业当作文化产业或者创意产业的一个分支。从 2006 年起每年举行一届、影响力和知名度日益提升的“中国北京国际文化创意产业博览会”，对“文化创意产业”使用的官方英文翻译一直沿用 cultural and creative industry，明确表达了我国对于文化创意产业定义与内涵的理解和解释。文化创意产业对于文化产业和创意产业不是简单的等同和替代关系，而是一种包容关系。文化创意产业既扩充了传统文化产业的内容，又不是对英国提出的创意产业的模仿或复制，而是中国传统文化底蕴与当代创意精神交融的智慧的结晶，彰显了文化创意产业丰富的内涵。

三、解读文化创意产业

（一）文化创意产业拓展文化产业空间

文化产业是通过市场机制和运作，将文化产品和服务实现货币化的产业。文化创意产业强调通过创意为产品和服务注入新的文化元素，从而全面提高产品和服务的文化价值。文化创意产业以文化产业物权形式存在的产品和服务的有形资产为载体，注入以知识产权为核心的无形资产，是文化产业从生产到消费的产业链的延伸。例如，电影院、书店、画店、印刷厂、大剧院、电视台、互联网等属于文化产业，它们经营文化产品，提供文化服务，但不能算文化创意产业；唯有构成知识产权的，如电影制作、出版、作画、文艺演出、电视节目制作、动漫制作、互动游戏软件制作等，能形成知识产权的部分才称为文化创意产业。

文化创意产业是在传统文化产业基础上发展起来的产业概念，是区别于文化产业的新的产业形态，是对新业态的概括、总结和发展。文化创意产业出现的前提是制造业的充分发展和服务业的不断壮大，是第二、第三产业融合发展的结果。

文化创意产业通过"越界"促成不同行业、不同领域的重组与合作。这种"越界"主要是面对第二产业的升级调整、第三产业的细分，打破二、三产业的原有界限。通过"越界"，开拓艺术型、精神型、知识型、心理型、休闲型、体验型、娱乐型的新的产业增长模式，培育新的文化消费市场和新一代创意消费群体，以推动文化发展与经济发展。[①]《北京市文化创意产业分类标准》中将软件、网络、计算机服务等具有一定制造业背景的行业纳入其中，在文化艺术、新闻出版、艺术品交易、旅游、休闲娱乐、广告会展等传统文化产业内容中又赋予了具有时代特征的新产业内涵。[②] 文化创意产业不局限于文化产业的某一领域，而是涉及具有高科技、高文化附加值和丰富创意的任何产业，体现了知识经济时代和信息时代最为鲜明的特征。

（二）文化创意产业诠释创意产业实质

虽然存在"文化产业""创意产业""文化创意产业"概念理解上的分歧，但不同领域存在一点共识，即文化是创意产业的发轫，创意的灵感来自文化的积淀，体现着对优秀文化的继承和发展。这一点正契合我国当前对于中华优秀传统文化创造性转化、创新性发展的要求。

任何一种文化创意活动都要在一定的文化背景下进行，但创意不是对传统文化的简单复制，而是依靠人的灵感和想象力，借助科技对文化资源实现再提升。文化创意产业属于知识密集型新兴产业，具有高知识性、高附加值、强融合性特征。[③] 任何一种有益的创意活动都是文化和科技相结合的创造，都必须考虑所依附的文化背景以及创意产品对文化的趋同。如果脱离文化基础，创意就会成为无源之水，无本之木。

创意产业实质上是遵从各个国家或地区不同历史发展条件下的文化信仰，通过内容或形式创新来丰富产品和服务的文化内涵，将文化融入创意元素，令消费

---

① 金元浦．文化创意产业与北京的发展［J］．前线，2006（6）．

② 奚建华．从文化产业到文化创意产业：现实走向与逻辑路径［J］．浙江学刊，2007（6）．

③ 张振鹏，王玲．我国文化创意产业的定义及发展问题探讨［J］．科技管理研究，2009（6）．

者获得独特体验，提升其观念价值的产业。从本质上讲，创意产业以文化为基础，这是它区别于一切高新技术产业的前提。因此，“文化创意产业”比“创意产业”的名称对产业内涵的表述更加清晰准确。

（三）文化创意产业的内涵

文化与产业联姻，创意作纽带。文化创意产业的兴起和发展是当代经济、文化、科技融合发展在产业层面的具体表现。文化产业和创意产业的起点，分别是文化与创意。如前所述，文化是创意的基础，创意是文化的传承与发扬。社会发展和产业实践证明，文化与创意是高度融合、协调共生的关系。文化创意产业相比文化产业更加强调人的智慧和文化积淀所带来的市场因素，相比创意产业更加突出文化、艺术、精神、心理、娱乐等因素在创意过程中的使用。另外，文化和创意本身不能直接变成财富，必须经过产业化的过程才能形成受市场欢迎的消费品。文化创意产业就其名称本身包含了文化、创意、产业三个内容，分别代表文化创意产业既有区别又相互关联的三个阶段，三位一体，因此文化创意产业的概念相比文化产业和创意产业的定义更具有兼容性。

文化创意产业是具有可持续发展潜力的产业。传统工业社会的经济增长以资源的巨大消耗为代价，这种增长模式对环境的破坏导致其发展不能持续。知识经济时代的经济增长方式以知识的生产和创意的发掘为主要源泉。文化创意产业发展所依赖的文化和创意资源，是非物化的体现人的智慧和创造性的活的资源，可以不断地重复使用。在使用过程中，文化和知识的积累具有潜在的增值能力，文化资源和创意的发掘不会随着生产的增加而减少，反而会随着生产而更加丰富，同时可以减轻经济增长对自然资源和生态环境保护的压力，符合知识经济时代可持续发展的要求。

从未来的发展趋势来看，文化、创意、产业三者将深度融合。文化是需求的根源，文化发展激发了社会需求；创意是表达方式，创意是需求实现的保障；产业是融合的桥梁，产业发展是实现路径与组织方式。

第二节　农业发展机遇与挑战

农业，是一个古老的、与人类基本生活需要紧密相连的产业，主要包括种植业、林业、畜牧业、渔业、副业五种产业形式。当代世界农业发展的基本趋势和特征是高度的商业化、资本化、规模化、专业化、区域化、工厂化、知识化、社会化、国际化交织在一起，极大地提高了土地产出率、农业劳动生产率、农产品商品率和国际市场竞争力。

一、农业供给侧结构性改革

改革开放四十年来，我国经济由高速增长阶段逐步转向高质量发展阶段。供给侧结构性改革旨在从提高供给质量出发，用改革的办法推进经济结构，使要素实现最优配置，扩大有效供给，提高供给结构对需求变化的适应性和灵活性，提高全要素生产率，更好地满足广大人民群众的美好生活需要，促进经济社会持续健康发展。

我国农业正处于结构性过剩和短缺并存的阶段，农业发展面临的最大问题不是供求不足，而是供给质量不高。面对消费升级的大趋势，我国农业发展水平与消费者需求存在较大差距。据海关统计，2017 年我国农产品贸易总额为 1998.2 亿美元，同比增长 9.1%，比前年增速提高 10.7 个百分点。其中，出口 751.4 亿美元，同比增长 3.5%，与前年增速持平；进口 1246.8 亿美元，同比增长 12.7%，增幅较前年高 17.3 个百分点。我国农产品进口量的增加，贸易逆差的加大，有利于充分利用国际国内两个市场来丰富农产品供给，缓解资源的承载压力，但大量农产品进口，特别是一些非必需品的进口，会冲击国内的农业，压缩农业结构调整的空间，也给农民的就业增收带来一定的影响。因此，提高供给质量，推进农业供给侧结构性改革势在必行。

自我国于 2015 年年末首次提出农业供给侧结构性改革；2016 年 1 月公布的《中共中央 国务院关于落实发展新理念加快农业现代化实现全面小康目标的若干意见》强调深入推进农村改革，增强农村发展内生动力；10 月 20 日，《全国农业现代规划（2016—2020 年）》提出要加强土地流转，着力推进农村集体资产确权到户和股份合作制改革；12 月 20 日，中央农村工作会议提出把推进农业供给侧结构性改革作为农业农村工作的主线，深化农村产权制度改革。密集出台的各项政策有助于推动农业适度规模经营、调整农业结构、降低农产品成本，加速实现农业现代化。2017 年文件《中共中央 国务院关于深入推进农业供给侧结构性改革加快培育农业农村发展新动能的若干意见》颁布，农业供给侧结构性改革成为推动农业优质发展的主题。2019 年文件《关于坚持农业农村优先发展做好“三农”工作的若干意见》出台，强调落实高质量发展要求，坚持农业农村优先发展总方针，为做好新时代“三农”工作，促进农业全面升级、农村全面进步、农民全面发展提供了重要遵循。

农业供给侧结构性改革的关键在于提高农业供给质量，农业供给质量不仅是指产品质量，还包括整个农业发展的质量，也包括在农村能够发展的其他产业。近年来，农业与相关产业的融合发展趋势日渐形成，农业多种功能得到不断拓展，农业与文化创意、休闲旅游、教育体育、健康养生等深度融合，观光农业、体验农业、创意农业等新产业、新业态层出不穷，为农业发展创造了更多机遇。但是，这些新生产业形式依然处于粗放式发展阶段，各地发展思路、产品、模式同质化问题严重，在推进农业供给侧结构性改革的同时又带来了新的问题。

二、我国农业和农村发展的主要问题

农业发展的基础要素是当地的自然资源，由于资源禀赋的差异，不同地方有不同的发展路径模式，也由此造就了农村不同的建筑风貌和风土人情。随着城镇化进程的加快，农业和农村发展受到较大的冲击。

首先，我国部分农业和农村发展处于无序状态。我国政府历来高度重视农业和农村发展，鼓励农业与相关产业融合发展，但部分农村由于缺乏合理的发展规划，导致产业发展目标不明确，再加上自有资源远远不能满足发展需要，致使发展陷入“未兴先乱”的局面。另外，由于产品和服务创新能力有限，加之模仿的成本和风险低，而业务推广速度快，导致多个地方的农业发展同质化竞争严重。为取得市场优势，有些农村往往采取最简单的竞争策略——低价竞争，结果导致市场价格体系紊乱。

其次，我国农业和农村发展存在产品单一化与需求多样化的矛盾。例如，号称“关中第一村”的陕西袁家村主打关中民俗和美食文化的乡村休闲旅游发展模式的成功，在短短几年间吸引了大批农村跟风，一拥而上，都想在乡村休闲旅游领域占得一席之地，但是地方特色的缺失、产品和服务体验的同质化使跟风者并没有取得成功。休闲属于人的一种生活方式，休闲需求更强调精神的满足感，并且呈现多样化特征。我国部分发展休闲农业的农村主要以餐饮、观光和农产品销售为主营业务，产品类型和服务内容单一，缺乏文化内涵和创意设计，旅游资源的开发和使用效率低下，产业发展与消费需求未能有效对接。[①] 这种供给与需求之间的矛盾，使市场处于一种不稳定状态，如果不及时改善，供求矛盾将会随着时间的推移而愈发凸显，并严重限制产业的发展空间。

此外，农业和农村发展的利益分配矛盾突出。利益主体的多样性和利益关系的复杂性，使农业和农村发展在利益分配上存在冲突。农业和农村发展的利益主体涉及投资者、企业、相关机构、资源控制者和当地居民等多个方面，在产业发展中，任何一方过度看重其自身利益而实施机会主义行为，都会使其他利益主体遭受损失。由于农业和农村不同利益群体缺乏相互联系又相互制约的协调机制，导致各相关方的利益都难以得到有效保障，这种问题甚至危及地区经济社会的健康发展。

农业供给侧结构性改革所推动的农业新兴业态发展正处于起步和探索阶段，目前显现出来的主要问题是产业发展秩序混乱、产品供给能力不足和利益分配机制不完善。究其原因，利益相关者之间缺乏协调机制是所有问题的根源所在。任何产业发展都是由不同利益相关者在利益的驱使下，自觉或不自觉地形成分工与协作的关系，并集聚在一起所构成的一个相对完整的产业组织。推动农业与相关

---

① 张振鹏．充分发挥城郊旅游产业对新型城镇化的带动作用［J］．经济纵横，2014（2）．

产业融合发展所产生的新业态具有关联性强、带动性大的特征，是由多个产业部门按照由核心层向紧密关系层再到外围层的逐层扩散所构成的一个呈网络状结构的组织系统。例如，农村休闲旅游产业就是以农村特色资源开发为主的产品部门为核心层，即在当地人文或自然景观基础上建成的景点或景区；满足消费者其他必要需求的产业部门为紧密关系层，其以餐饮、住宿、文化娱乐、旅游交通及相关产品销售为主；满足消费者非必要需求的产业部门以及提供基础性服务的机构为外围层，主要包括农产品供应、特产和纪念品及手工艺品的生产加工企业、提供基础性服务机构如银行和邮政等、为旅游地组织客源的旅行社和导游服务部门等。另外，政府机构和行业协会也是外围层的重要组成部分，其职责是营造和维护良好的市场环境，并为各产业部门提供相关服务。

农业和农村发展涉及众多的利益相关者，利益多元化和目标多元化并存，属于非共同利益群体的合作形式。如果在各利益相关方之间找不到利益平衡点，无法建立一个公平合理的利益协调机制，必然会导致各利益相关方“各自为政”“各取所需”，使产业陷入无序发展的困境。利益分配不合理使各产业部门的产品单一、竞争无序，无法满足消费者多样化、品质化、个性化需求，直接影响产业收益，从而无法获得收益或低收益都将影响利益相关方的决策和行为，最终导致产业发展难以持续。

据不完全统计，我国现有3万多个乡镇，60万个村民委员会，317万个自然村，5.7亿农民。农业和农村发展的根本目的在于造福农民，发展的关键在于产业的价值创造。在农业和农村发展过程中，既要重视对接市场、做大做强产业，也要防止简单的模式复制，还要建立一种能够有效协调各利益相关方的关系结构，通过合理的利益分配机制，实现各利益相关方的目标一致和激励相容，营造互惠、稳定的产业发展各利益相关方的共生系统。

三、农村文化发展的隐忧

与农业紧密相关的是农村和农民，几千年农业发展积淀的文化，农村是其主要的空间载体，农民是其主要的承载者和传播者。城市与农村作为两种不同的人类聚居形态，是社会劳动地域分工的结果，其生活方式也呈现出不同的特征。相对于城市的繁华与便捷，农村生活看起来是单调与寂寞的。于是有人把城市当作现代文明的象征，认为农村文化是人类发展历程中停留在过去的遗存。[①] 在城镇化进程中，城市特征移植进入农村生产和生活方式，城市文化渗透进入农村文化在所难免。

城市文化按构成来源划分，主要包含城市移民带来的异地文化、城市在向乡村扩张过程中被城市吸纳了的乡村文化，以及城市自身在进化过程中所创造的文化。城市就像文化的容器，其内容构成具有复杂性，因此价值观的多元化就成为城市文化的主要特征。城市空间、人口与经济规模的增长并不能消除城市文化发展中的问题，甚至会让"城市人"在追求身份认同和文化认同时内心充满焦虑。以效率为核心的价值取向和发展理念的确激发了人们的聪明才智，但也不知不觉激活了人性中的各种欲望，物质财富的多寡和社会地位的高低及其获取速度的快慢逐渐成为人们评判幸福和成功最为直接和简单的标准，由此滋生出的急功近利的心态，见利忘义、损人利己等行为加剧了不同人群的矛盾和冲突。在城市繁华表象的背后，是人与人之间的心灵情感的日益疏远，城市文化生态系统危机四伏。梁漱溟先生认为："文化是人们的生活样法。"城市发展除了经济社会方面的繁荣与发展，一个更重要、更根本、更长远的问题在于能否提供一种"有意义、更美好的生活"。[②] 因此，城市文化功能的发挥对城市的兴衰成败所起的作用不言自明。当今的城市建设者和管理者显然已经意识到了这一点，近年来许多以"城市文化建设"为主题的规划开始出现在我国城市发展战略的突出位置。

文化是人类精神世界与外部自然界互应的结果，是一种演进的、变化的和多角度的现象，并不是简单划一和一成不变的。文化经常被精明的统治者当作权力工具来使用，但政治意图的介入使其内容充满争议，其动态也极具不确定性，这也意味着文化与自然之间的原生关系被新的社会关系所解构。正如本雅明（Walter Benjamin）所说，在机械复制时代，人工艺术品褪去了历史的灵韵，开启了新的社会政治解读的视域。城市的崛起始终与工商业的发展相生相伴。最原始的城市就是因商品交换而集聚人群后所形成的，工业化进程促进了工业集聚，提高了生产力，为了使日益丰富的商品更容易和快捷地交换，城市发展速度和规模不断提

① 张振鹏．新型城镇化中乡村文化的保护与传承之道［J］．福建师范大学学报（哲学社会科学版），2013（6）．

② 刘士林．中国都市化进程的病象研究与文化阐释［J］．学术研究，2011（12）．

升，城市功能和布局因此必须满足城市运营者和生产经营者利益均衡的需要。新城市主义提倡城市的任何一个细节都应该是精心“规划”的结果，于是我们看到，宽街、窄巷、建筑、广场、商铺等城市视觉景观被安排得井井有条，与城市文化息息相关的公共生活空间在利益驱动下完成了与物质层面的结合，清晰的区域功能定位在城市版图上划出了若干看不见但又真实存在的界限，人们对于“生活样法”的选择被“规划”得非常有限。更令人难以接受的是，各个城市的发展规划雷同，致使城市面貌趋同，城市个性缺失，陷入“千城一面”的窘境，“走在拆旧建新之后看起来千篇一律的城市里，你是否会觉得是在和一群珠光宝气却‘腹内空空’的暴发户对话？”[①] 城市规划思路的单一化与价值观的多元化这一城市文化特征形成了内生性矛盾。

人是自然界的生物之一，来自于自然，存在于自然，因此不能脱离自然法则。季羡林先生将中国古典哲学中“天人合一”的观念解释为：“天，就是大自然；人，就是人类；合，就是互相理解，结成友谊。”[②] 文化是一种生命现象，是人们主动地适应自然并找寻生存法则的结果；文化是一种社会现象，是人们在与自然相处中集体创造的产物；文化又是一种历史现象，是人们长期与自然界互动的积淀物。文化的发展过程是人类认识自然和认识自我的过程，因此文化还具有一种重要的但又被人们忽视了的属性——自然属性。“一方水土一方人”，不同地域的文化具有个性特色的主因就在于文化的自然属性。

文化发展是农业和农村发展的题中之义，农业和农村的全面发展离不开农村文化的传承。文化是多维度的，农村真实的生活场景、生活气息，是文化；民俗、艺术、文明乡风的展示，都是文化的体现。农村文化发展要让人们能够望得见山、看得见水、记得住乡愁。文化创意本质上是一种创新，集中体现在区域创新能力上。文化创意既能够塑造农业和农村文化个性，形成独特的品牌，也能够增强农业和农村文化吸引力，促进文化与经济发展的融合。近年来，一些农村通过文化创意融入农业和农村发展的实践探索正在显现成效，为农村文化以及农业和农村发展提供了有益的思路。

---

① 克洛德·列维–斯特劳斯．忧郁的热带［J］．王志明，译．北京：中国人民大学出版社，2009.

② 季羡林．“天人合一”新解［J］．传统文化与现代化，1993（1）.

第三节　政策引导与实践探索

自 1982 年开始至今，每年的中央一号文件都聚焦三农问题，从早期的农村改革，到社会主义新农村建设，再到农业现代化建设和乡村振兴，体现了党和国家对农业和农村工作的重视，也见证了我国农业和农村的发展脉络。近年来，国家多策并举，推动第一、第二、第三产业融合发展，在实践中已显现出明显的成效。

一、乡村振兴战略的内涵

党的十九大报告明确提出实施乡村振兴战略，总体要求是“产业兴旺、生态宜居、乡风文明、治理有效、生活富裕”。2017 年年底的中央经济工作会议强调，要科学制定乡村振兴战略规划，实施乡村振兴战略；中央农村工作会议提出了实施乡村振兴战略的目标任务和基本原则，明确实施乡村振兴战略的目标任务。2018 年《中共中央 国务院关于实施乡村振兴战略的意见》文件对乡村振兴发展的重要内容进行了全面部署。实施乡村振兴战略，标志着我国乡村发展将进入一个崭新的阶段，也预示着一个以乡村振兴为基础的新时代即将到来。

（一）产业兴旺是乡村振兴的核心，也是我国经济建设的核心

乡村振兴实现产业兴旺，追求的不是简单的“农业产业化”，而是乡村“百业兴旺”，是农业的新业态，即农村多元产业的混合。这需要乡村多业并举，推动第一、第二、第三产业融合发展。除了传统的生产功能之外，还要充分发挥农业和农村的生态功能、生活功能、体验功能、景观功能等，实现农业和农村功能复合和价值叠加。另外，产业兴旺也包括乡村手工业的振兴。有人认为乡村手工业在

原有的文明下已经衰落，也有人认为它的成本太高，应该用工业化的产品来取代。但是在生态文明时代，乡村手工业仍然具有重要的价值，很多地方通过振兴乡村手工业，已经将手工制作演化成了农民日常生活的重要内容，同时也促进了一个重要的特色产业发展。

（二）生态宜居是国人的梦想，更是生态文明建设的重点

乡村振兴是符合生态文明转型的战略。乡村振兴实现生态宜居，包括自然生态和社会生态两个方面。在乡村打造绿水青山、空气洁净、环境优美、服务完善的安居生活，才会成就国人的安居梦想。人们有着适宜的居住环境，享受着大自然的风光，呼吸着纯净的空气，本身就是一种福利。在传统的乡村很少有垃圾，农民生产的东西都能得到充分利用，人类吃掉粮食，剩下的皮渣当作饲料喂猪养鸡，植物的秸秆用来养羊养牛，人和动物的排泄物又作为有机肥回到田间，这种生态农业是历史留下的宝贵智慧，维系了良好的生态环境。这体现了天人合一的理念，无论是村落的选址、民居的建设还是材料的使用都体现着尊重自然、利用自然的智慧。生态农业依靠乡村社会生态的建设，社会参与是形成保障的体系，大家都重视食品安全，但食品安全不可能靠发标签，也不可能靠企业制定标准，最好的办法是社会参与，推进的是城市市民和农民联合组织，最终实现的是让农业回归文化本质的社会生态农业。

（三）乡风文明是中华农耕文明的复兴，也是我国文化建设的主线

乡村是优秀传统农耕文明的载体，乡村振兴可以直接解决亲情乡情缺失、熟人社会消失、人与人信任危机等问题，也可以间接清除自由市场经济带来的一些问题，提升社会整体道德水平。乡风文明建设是以五千年的中华文明作为基础，融入现代文化，构建一个自制、法治和德治为一体的治理结构。乡村并不是越土越好，而是要发扬光大乡村优秀的传统文化。城市有城市的优势，乡村有乡村的功能，很多城市人在周末到乡村观光旅游和度假，就是因为乡村有城市不可替代的功能，可以获取城市所无法给予的满足感。城乡融合的本质就是在城市和乡村发挥各自功能的基础之上实现功能互补，所以乡村文明建设不是把乡村变成城市，更不是用城市的建设思路去改造乡村。

（四）治理有效是国家有效治理的基石，也是乡村振兴的基石

乡村振兴可以有效解决基层组织虚化、基层自治缺失、基层法治失效、基层德治失灵等问题，也可以缓解因农村人口大规模、常态化、无秩序流动带来的诸多社会问题。乡村有着自制的传统，一个人生下来从自然人变成一个社会人，在乡村很容易完成社会化的转变。乡村治理应该符合它的文化结构，很多乡村通过德治实现自我调节，以及邻里的互助、舆论的监督、优秀的示范等。在乡村振兴战略实施过程中，要充分地利用乡村传统来构建自治、法治和德治的治理体系。

（五）生活富裕是农民的基本向往，也是我国政治建设的根本

共同富裕、一个都不能少，是社会主义制度的基本要求。乡村振兴是缩小城乡差距、贫富差距、全面建成小康社会的重要举措。生活富裕的标志是货币收入增长带来的购买力强大，而其支撑力则是农业劳动生产率的极大提高，即越来越少的劳动力生产更多的产品。另外，生活富裕不仅仅局限在收入的提高，同时也包括人们精神生活的极大丰富。因此，富裕的乡村一定是农民衣食无忧、安居乐业、生活幸福的处所。

乡村振兴战略的实施预示着我国经济社会发展由发展城市转变为城乡融合发展，由单纯的第一、第二、第三产割裂发展转变为第一、第二、第三产融合发展，由产业依赖转变为生产生态、生活生态、人文生态、环境生态并重，其重点在于打造产业、农村、居民与游客、文化、治理兼备的乡村新生活载体。因此，乡村振兴的根本路径就是以生产要素的组织化为核心改变生产方式，推动农业供给侧结构性改革；以产消互动为核心改变消费和生活方式，从而推动生态平衡。其中，产业发展方式的选择是重中之重。

二、“文”“农”结合的产业融合

文化创意产业是以创意为主导和标志性元素，推进文化资源与产业形式相结合以实现更高附加值的一系列与创意活动相关的产业集合。在实践领域，文化创意产业体现出一种跨越产业边界进行要素整合的能力，产业领域的拓展催生出新业态，并且在改变价值创造和价值获取方式的同时重构产业发展相关各方的关系结构，在实现利益共享的前提下提升整体价值。

2014 年年初，我国颁布了《关于推进文化创意和设计服务与相关产业融合发展的若干意见》，目的就是要充分发挥文化创意产业与相关产业的协同效应，推动产业融合发展来实现产业结构调整和优化升级。

2015 年 12 月 30 日，国务院办公厅以国办发〔2015〕93 号印发《关于推进农村一二三产业融合发展的指导意见》。该意见共包括总体要求、发展多类型农村产业融合方式、培育多元化农村产业融合主体、建立多形式利益联结机制、完善多渠道农村产业融合服务、健全农村产业融合推进机制 6 部分 27 条；主要目标是到 2020 年，农村产业融合发展总体水平明显提升，产业链条完整、功能多样、业态丰富、利益联结紧密、产城融合更加协调的新格局基本形成，农业竞争力明显提高，农民收入持续增加，农村活力显著增强。

2016 年，农业部会同国家发展和改革委员会、财政部等 14 部门联合印发的《关于大力发展休闲农业的指导意见》提出，坚持以农业为基础，农民为主体，农村为场所，加强规划引导，科学构建利益分享机制，增强农民自主发展意识，激发农民创业创新活力；加强与农耕文化传承、创意农业发展、乡村旅游、传统村落传统民居保护、精准扶贫、林下经济开发、森林旅游、水利风景区和古水利工程旅游、美丽乡村建设的有机融合，推动城乡一体化发展；要结合资源禀赋、人文历史、交通区位和产业特色，在适宜区域，因地制宜、突出特色、适度发展，避免低水平重复建设。

十九大报告提出，实施乡村振兴战略，构建现代农业产业体系、生产体系、经营体系，完善农业支持保护制度，发展多种形式适度规模经营，培育新型农业经营主体，健全农业社会化服务体系，实现小农户和现代农业发展有机衔接；促进农村第一、第二、第三产业融合发展，支持和鼓励农民就业创业，拓宽增收渠道。

农村第一、第二、第三产业融合发展，重点目标是提升农业和农村资源的附加值。孤立的农业种植不会提升土地的附加值，如把田园乐园、农业园变成旅游景区，就可能大幅提高土地的收益。孤立的加工生产也不会提升产品的附加值，要让生产劳动更具乐趣、让加工生产更具体验性，就会提升产品附加值。实现农村产业融合发展主要包括以下六种途径。

一是农业内部有机融合。以农牧结合、农林结合、循环发展为导向，调整优化农业种植养殖结构，发展高效、绿色农业，以高效益、新品种、新技术、新模式为主要内容的“一高三新”农业蓬勃发展，一些传统资源、农业废弃物被综合利用，农业潜力得以激发。

二是全产业链发展融合。从建设种植基地，到农产品加工制作，到仓储智能管理、市场营销体系打造、农产品物流系统开发，再到农业休闲、乡村旅游，品牌建设，行业集聚等，形成一条龙发展的“全产业链”。

三是农业产业链延伸融合。农业产业链延伸融合，根据产业主体不同可分为三个类别：第一种是以第一产业为基础的融合型，即以现代种养业为主导，向产前延伸开展良种繁育、农资供销等，向产后拓展加工储藏、物流销售、休闲观光等第二、第三产业，形成三次产业互促并进、互利共赢的发展格局；第二种是以第二产业为纽带的融合型，即以农产品加工业为依托，将产业链向前后两端延伸，由单纯的加工向生产、流通、研发、服务等领域交融发展，实现产加销、贸工农一体化，拉长产业链、提升价值链；第三种是以第三产业为引领的融合型，依托农产品流通、电子商务、乡村旅游和农业社会化服务等第三产业，建立农产品原料、加工、销售、物流基地，拓展服务范围，延长产业链条，增加农业附加值。

四是农业功能拓展融合。在稳定传统农业的基础上，不断拓展农业功能，推进农业与文化、旅游、教育、体育、健康养生等产业深度融合，打造具有历史、地域、民族特点的乡村文化旅游村镇或旅游示范村，积极开发农业文化遗产，实现从文化遗产到文化资本的转化，形成农村文化创意产业发展格局。

五是科技渗透农业发展融合。在推动现代农业发展中，大力推广和引入互联网技术、物联网技术、先进技术生产栽培模式等，推动现代先进科技与农业融合发展，全面提升农业发展各环节的科技含量和产业价值。

六是产业集聚型发展融合。随着农业产业发展规模的逐步提高，特别是一乡（县）一业、一村一品的发展，农村产业发展呈现集聚态势，产业不断壮大，产品品牌价值不断提升，市场影响力不断增强，从而实现农村产业与经济社会发展的协调推进。

近年来，文化创意产业在一些农村地区也呈现出积极发展的态势，人文和科技要素在创意思维的主导下融入农村生产经营活动和生活方式，农村产业结构趋向层次多元化、产业链延展化、附加价值显性化，多种“文”“农”结合的产业融合发展模式在一些地方相继出现，并显现出对经济社会发展的推进作用。

三、我国农村产业发展的实践探索

我国从 20 世纪 50 年代起就提出过“建设社会主义新农村”的口号与概念，

当时的改革本质是对土地的重新分配，“打土豪、分田地”“农民当家做主”是当时对农村改造的重要手段和目的。改革开放以后，中国新农村建设的口号变成了“奔小康”“共富裕”。1978年，安徽小岗村十八位农民在土地承包责任书上按下了红手印，创造了“小岗精神”，拉开了改革开放的序幕。后来，被树立为中国新农村建设典型的还有江苏的华西村、山东的南山村、上海的九星村等。

进入文化创意经济时代之后，文化创意产业的发展已经不仅仅局限于特定的产业门类，它最大的贡献是带给社会文化意识和创意精神。国家对于“三农”问题提出的要求是“积极探索解决农业、农村、农民问题的新途径”。以文化创意产业的思维方式整合农村生活、生产和生态资源，创新农业发展模式，对于建构现代农村产业体系，实现农村经济社会跨越式发展起到了重要的引领作用。

（一）特色产业发展模式

特色产业发展模式主要出现在我国东部沿海等经济相对发达的地区，其特点是产业优势和特色明显，农民专业合作社、龙头企业发展基础好，产业化水平高，实现了农业生产集聚、农业规模经营，产业链条不断延伸，对于农村产业发展的带动效果非常明显。

江苏省张家港市南丰镇永联村是全国“美丽乡村”首批创建试点村。改革开放以来，村领导组织村民挖塘养鱼、开办企业，陆续办起了水泥预制品厂、家具厂、枕套厂等七八个小工厂以及村集体轧钢厂，逐渐让永联村形成了以企带村的发展态势，村集体有了经济实力，跨入全县十大富裕村的行列。随着集体经济实力的壮大，永联村不断以工业反哺农业，强化农业产业化经营。2000年，村里投巨资于“富民福民工程”，成立了“永联苗木公司”，将全村4700亩可耕地全部实行流转，对土地进行集约化经营。这一举措不仅获得了巨大的经济效益，同时大面积的苗木成为村办钢铁企业的绿色防护林和村庄的“绿肺”，带来了巨大的生态效益。近年来，永联村先后共投入2.5亿元人民币，积极发展以农业观光、农事体验、生态休闲、自然景观、农耕文化为主的休闲观光农业，初步形成了以苏州江南农耕文化园、鲜切花基地、苗木公司、现代粮食基地、特种水产养殖基地、垂钓中心为一体的休闲观光农业产业链，休闲观光农业年收入7573.7万元人民币。村里建设的“苏州江南农耕文化园”是张家港唯一的四星级乡村旅游区。目前，永联村正在规划建设3000亩高效农业示范区，设立农业发展基金，并提供农业项目启动资金，对发展特色养殖业予以补助，促进高效农业加快发展。

（二）生态保护型模式

生态保护型模式主要是在生态优美、环境污染少的农村地区，利用丰富的自然条件、优越的资源优势，以及传统的田园风光和乡村特色，将生态环境优势转变为产业发展优势，其主要业态是以乡村生态旅游为核心的多元化产业体系。

高家堂村是一个竹林资源丰富、自然环境保护良好的浙北山区村，位于全国首个环境优美乡——山川乡境内，全村区域面积 7 平方千米，其中山林面积 9729 亩[①]，水田面积 386 亩。高家堂村将自然生态与美丽乡村完美结合，围绕"生态立村——生态经济村"这一核心，在保护生态环境的基础上，充分利用环境优势，把生态环境优势转变为经济优势。高家堂村把发展重点放在做好改造和提升笋竹产业，形成特色鲜明、功能突出的高效生态农业产业布局，让农民真正得到实惠。2003 年，高家堂村投资修建了环境水库——仙龙湖，对生态公益林水源涵养起到了很大的作用，还配套建设了休闲健身公园、观景亭、生态文化长廊等。高家堂村着重搞好竹产品开发，如将竹材经脱氧、防腐处理后应用到住宅的建筑和装修中，开发竹围廊、竹地板、竹层面、竹灯罩、竹栏栅等产品，取得了一定的效益；同时积极鼓励农户进行竹林培育、生态养殖、开办农家乐，并将这三块内容有机地结合起来，特别是农家乐乡村旅店，接待来自沪、杭、苏等大中城市的观光旅游者，并让游客自己上山挖笋、捕鸡，使得旅客亲身感受到看生态、住农家、品山珍、干农活的一系列乐趣，亲近自然环境，体验农家生活，又不失休闲、度假的本色，此项活动深受旅客的喜爱，得到一致好评，而农户本身也得到了实惠，增加了收入。现如今，高家堂村生态经济快速发展，以生态农业、生态旅游为特色的生态经济呈现良好的发展势头，全村已形成竹产业生态、生态型观光型高效竹林基地、竹林鸡养殖规模，富有浓厚乡村气息的农家生态旅游等生态经济，对财政的贡献率达到 50% 以上，成为经济增长支柱。

（三）城郊集约型模式

城郊集约型模式主要出现在大中城市郊区的农村，其特点是经济条件较好，

① 1 亩 =666.67 平方米，下同。

公共设施和基础设施较为完善，交通便捷，农业集约化、规模化经营水平高，土地产出率高，农民收入水平相对较高，是大中城市重要的“菜篮子”基地。

上海市松江区泖港镇是松江浦南地区三镇的中心，东北距上海市中心 50 千米，北距松江区中心 10 千米。该镇是依托“气净、水净、土净”的独特资源优势，大力发展环保农业、生态农业、休闲农业，成为上海的“菜篮子”“后花园”，服务于以上海为主的周边大中城市。2010 年，泖港镇成功创建国家级卫生镇，2011 年成为上海市第一家创建成功的市级生态镇。泖港镇 2007 年起走上了以家庭农场为主要经营模式的农业发展道路，以创建高产田为抓手，大力发展环保农业；以品牌为优势，大力发展农副经济；以节能环保为标准，淘汰落后工业产能。此外，泖港镇还鼓励兴办家庭农场。为顺应时代发展，满足大城市休闲度假的市场需求，泖港镇借助自然资源优势，发展生态旅游。近年来该镇开发和引进了大批中高档旅游项目，从旅游项目空白镇发展成农村休闲旅游镇。同时，以乡土民俗为核心，以市场需求为导向，充分整合生态农业、生态食品、农业观光、农业养殖、村落文化、会务培训、疗养度假、农家餐饮等各类乡村旅游资源，实现了农村休闲产业的功能集聚。据不完全统计，仅 2013 年就先后接待游客约 15 万人次，实现旅游总收入近 3000 万元人民币，利润总额达 500 多万元人民币，带动农副产品销售 1500 多万元人民币，解决了 300 多名当地农民的就业问题；同时，旅游景点的建造和周边环境的改造，也使泖港镇的环境越来越优美。现如今，泖港镇基本实现了家庭农场的专业化、规模化经营，乡村旅游已成为该镇农业经济新的增长点。

（四）文化传承型模式

文化传承型模式主要是在具有特殊人文景观，包括古村落、古建筑、古民居以及传统文化的地区发展形成的，其特点是乡村文化资源丰富，具有优秀的民俗文化以及非物质文化，文化展示和传承的潜力大。

河南省孟津县平乐村地处汉魏故城遗址，文化积淀深厚，因 62 年东汉明帝为迎接大汉图腾筑“平乐观”而得名。该村以农民牡丹画而闻名全国，“一幅画、一亩粮、小牡丹、大产业”，这是流传在村民口中的一句新民谣。千百年来，平乐村民有着崇尚文化艺术的优良传统。改革开放后，富裕起来的农民开始追求高雅的精神文化生活，从事书画艺术的人越来越多。随着牡丹花会的举办和旅游业的日益繁荣，与洛阳有着深厚历史渊源而又雍容华贵的牡丹成为洛阳的重要文化符号。

游人在观赏洛阳牡丹的同时，喜欢购买寓意富贵吉祥的牡丹画作留念，从事书画艺术的平乐村民开始将创作主题集中到牡丹。经过20多年的发展，平乐农民画家们的牡丹画作品销售至西安、上海、香港等国内城市，甚至新加坡、日本等国家，多次参加各种展览并获奖。如今的平乐，已拥有国家、省市画协、美协会员20多名，牡丹画专业户100多户，农民画家800多人，年创作生产牡丹画8万幅，销售收入超过500万元人民币。平乐镇被中华人民共和国文化和旅游部、民政部命名为"文化艺术之乡"。近年来，平乐村按照"有名气、有特色、有依托、有基础"的"四有"标准，以牡丹画产业为发展龙头，扩大乡村旅游产业规模，探索出了一条乡村文化传承型的发展模式。

（五）休闲旅游型模式

休闲旅游型模式主要是指在适宜发展乡村旅游的地区推动旅游产业发展，其地域特点是旅游资源丰富，住宿、餐饮、休闲娱乐设施完善齐备，交通便捷，距离城市较近，适合休闲度假，发展乡村旅游潜力大。

国家特色旅游景观名镇江湾，地处皖、浙、赣三省交界，云集了梦里江湾5A级旅游景区、古埠名祠汪口4A级旅游景区、生态家园晓起和5A级标准的梯云人家篁岭四个品牌景区。江湾依托丰富的文化生态旅游资源，着力建设梨园古镇景区、莲花谷度假区，使之成为婺源"国家乡村旅游度假试验区"的典范。江湾旅游资源丰饶，生态绿洲的晓起名贵古树观赏园荟萃了600余株古樟群、全国罕见的大叶红楠木树和国家一级树种江南红豆杉，栖息着世界濒危珍稀多鸟种黄喉噪鹛、国家重点保护的黑麂、白鹇鸟等。江湾镇森林覆盖率高达90%，既是一个生态的示范镇，也是一个文化底蕴丰厚的千年古镇。近年来，江湾积极发展乡村旅游，着力打造乡村旅游的示范镇，促进乡村旅游与农业、农民和农村发展的有机结合，使乡村旅游参与主体的农民成为受益主体；积极引导开发农业观光旅游项目，打造篁岭梯田式四季花园生态公园，使农业种植成为致富的风景，成为乡村旅游的载体。目前，江湾正在投资8000万元人民币建设篁岭民俗文化村，并且投资7亿元人民币重点开发以徽派古建筑异地保护区定位的梨园新区，这两个重点旅游工程的建成，将使更多当地居民受惠于乡村旅游。

（六）高效农业型模式

高效农业型模式主要在我国的农业主产区，其特点是以发展农业作物生产为主，农田水利等农业基础设施相对完善，农产品商品化率和农业机械化水平高，人均耕地资源丰富，农作物秸秆产量大。

福建省漳州市的三坪村是国家 4A 级风景区——三坪风景区所在地，该村充分发挥森林、竹林等林地资源优势，采用“林药模式”打造金线莲、铁皮石斛、蕨菜种植基地，以玫瑰园建设带动花卉产业发展，壮大兰花种植基地，做大做强现代高效农业。同时，三坪村通过整合资源，建立千亩柚园、万亩竹海、玫瑰花海等特色观光旅游，构建观光旅游示范点，提高吸纳、转移、承载三平景区游客的能力。2013 年，平和县斥资 1900 万元人民币，全力打造闽南金三角令人神往的人文生态村落，其建设内容包括铺设村主干道 1 千米、慢步道 2 千米，河滨休闲景观绿道 1.3 千米，以及开展村中沿街立面装修、污水处理、绿化美化、卫生保洁等。几年来，三坪村特有的朝圣旅游文化和“富美乡村”创建成果吸引着众多的游客，也影响着当地村民的精神生活，带动当地旅游产业的茁壮发展，走出了一条美丽创造生产力的和谐之路。该村先后获得“国家级生态村”“福建省生态村”“福建省特色旅游景观村”“漳州市最美乡村”等荣誉称号。

联合国教科文组织在展望未来人类社会发展时强调，“脱离人或文化背景的发展是一种没有灵魂的发展”，“发展最终以文化术语来定义，文化的繁荣是发展的最高目标”。[①] “文化大发展大繁荣”是我国重要的发展战略目标。无论是从占地面积还是人口数量的角度来看，农村在我国经济社会发展中都占有重要地位，因此农村文化的发展繁荣无疑是实现这一战略目标不容忽视的环节。近年来，我国各级政府实施的“送文化下乡”“村村通”“文化信息资源共享”等文化惠民工程为广大农民提供了丰盛的“文化宴席”。尽管农民从中受益，但在这些工程面前，农民始终扮演的是被动接受者的角色，并没有成为参与者和创造者。实践证明，当文化与经济融合，只有创意的融入才会让市场的积极性和自主性得以发挥，文化才会产生更加深入人心的、持久的影响力。

① 联合国教科文组织世界文化与发展委员会．文化多样性与人类全面发展：世界文化与发展委员会报告［M］．广东：广东人民出版社，2006.

第二章

“文化创意+”农业融合发展基础

“文化创意+”农业融合发展能够满足传统农业方式所满足不了的现代人的多元化需求，是当前的发展重点和未来的发展趋势，但是也要客观认识并准确把握并存的有利因素和不利因素及其功能、意义和特征。不同区域的不同农村应该因地制宜、因村制宜，尊重历史、尊重自然、尊重规律，坚持以资源禀赋为基础、以市场需求为导向，合理地利用各种农业和农村资源，实行区域化布局、专业化生产，形成各自的优势和特色产业，提高产业的附加值和综合效益。

第一节　有利因素条件分析

任何产业演进都是产业主体与当地自然环境、传统文化和基础设施等因素适应性调整的过程。这些因素决定了产业类型的选择和发展方向，并影响产业主体之间的关系结构，以及产业发展的效率和质量。“文化创意 +”农业融合发展必须与农村的自然、社会、文化、政治、经济等条件相适应，对于有利、不利因素都要有准确的认知和把握。

一、传统文化资源奠定发展基石

任何产业的发展都有一个切入点的问题。农村文化创意产业发展的切入点应是文化资源，农村文化资源是农村文化创意产业发展的根基。许多非物质文化遗产保存在农村，农村是非物质文化遗产的重要空间载体，农村经济社会发展的实际情况决定了农村文化创意产业与其他地域的文化创意产业相比具有更强的资源依赖性。丰富的传统文化资源是农村文化创意产业得以持续发展的前提条件。

人们通常所说的文化资源，是对人类创造的以物质形态和非物质形态存在的文化遗产的总称。但若从表现形态和类别特征上看，文化资源则可分为农村文化资源、都市文化资源、传统文化资源、现代文化资源、民族文化资源、海洋文化资源等。我国农村文化资源不仅底蕴深厚、丰富多彩，而且表现形态多样化，在多民族的生活方式中，蕴藏着古朴、醇厚、瑰丽多姿的历史传统和多样性的原生态文化。

我国是个历史悠久的农业大国，农业资源丰富，农村传统文化资源也很丰厚，一定程度上讲，农村传统文化就是农业文化。农村传统文化可以分为四类，分别是民间工艺、民间表演艺术、民风民俗、农村传统饮食文化。民间工艺包括农村漆器、陶瓷、编制、花灯、雕刻和剪纸等生产技术与工艺品制作；民间表演艺术包括杂技、武术、舞龙、舞狮、戏曲、花灯等；民风民俗包括农村的节庆、传统服饰、祭祀活动、古镇风貌，以及与农作业、节气有关的农村俗语、典故、民俗等；农村传统饮食文化包括农家乐、农村原生态蔬果、农村野味、农村土特产、农村特色小吃等。这些多样性的、具有深厚积淀的农村传统文化资源是发展农村文化创意产业的宝贵财富。

当前是用好农村文化资源，发展文化创意产业的最好时期。有深厚传统文化底蕴的地方，特别是经济发展相对滞后、货币资本奇缺，但却拥有独特农村文化传统优势的地方，在农民渴望寻找致富新路子、城市人追求精神愉悦之际，完全可以利用文化资源改变经济社会发展格局，用好丰富多彩的农村文化资源形成文化创意产业。例如，陕西省安塞县，由于近年来注重发展农村文化创意产业，将积淀上千年文化传统的安塞腰鼓、安塞剪纸、安塞歌舞等民俗文化打造成品牌推向市场，结果无形的文化资源变成了文化创意产业，腰鼓等技艺成为农民手中实实在在的钞票，现在有名气的腰鼓表演队，每个腰鼓手的“日工资”就达 200 元人民币。文化创意产业的升值潜力又吸引了民间的货币资本投入，使得安塞的农村文化创意产业进入良性循环。又如陕西华县皮影是中国古老的艺术品种之一，被列入第一批国家级非物质文化遗产名录。近年来，华县政府在传承皮影文化的基础上，积极发展皮影文化创意产业，年生产雕刻皮影 10 万余件，2006 年、2007 年连续两年皮影文化产品和相关产业产值突破 2000 万元人民币，形成了华县皮影文化创意产业群，被列为“国家文化产业示范基地”。由此可见，用好农村传统文化发展农村文化创意产业至关重要。

二、文化消费需求提供发展动力

扩大文化消费需求、增加文化消费总量、提高文化消费水平，是文化创意产业发展的内生动力。根据马斯洛需求层次理论，当人们物质需求得到满足时，必将追求更高层次的精神文化需求。西方的实践证明，人均 GDP 在 1000 美元时，人们主要用于物质消费，人均 GDP 到 3000 美元时，物质和精神消费基本同等，人均 GDP 到 5000 美元以后，消费结构发生了重大转移或者调整，对文化产品和服务的需求将是井喷式的。

随着经济的发展，我国城乡居民收入水平逐渐增加。据"国民文化消费状况调查"显示，我国居民对文化消费越来越看重，近年来，我国的文化消费取得了长足发展。2011年城乡居民人均文化消费分别达到1102元人民币和165元人民币，比2002年分别增长170.7%和253.8%，年均增速分别快于人均消费支出0.9和2.7个百分点。9.31%的居民认为文化消费"非常重要"，35.92%的居民认为"很重要"，45.56%的居民认为文化消费在心目中的位置"一般"，9.23%的居民认为是否进行文化消费"无所谓"。在接受调查的人群中，有18.98%的农村居民认为文化消费"非常重要"，而"北上广深"等大都市居民中持这一观点的仅占6.06%，其他一类城市中占7.9%，二类城市中占9.25%，三类城市中占14.1%。① 以上数据表明，农村偏远地区的居民对文化消费的需求高于经济发达的大都市。这从侧面说明，农村居民对文化消费的要求越来越高，也说明了文化产品的消费在农村地区还有很大的潜力，文化消费具有广阔的拓展空间和巨大的潜在市场。

但是，快速增长的文化消费空间与文化产业实际发展之间的差距仍然很大。根据国际经验，按我国当前人均GDP 4000美元测算，文化消费总量应当在5万亿元人民币左右，这就是说，中国文化产品生产与服务在很长一段时间还处于需求大于供给的阶段，文化产业发展的空间很大。从我国目前情况看，单靠各级政府加大财政投入兴建农村文化基础设施，如修建图书馆、文化站、电影院、剧院等，是难以满足广大农村人民群众日益增长的精神文化需求，难以有效快速推动社会主义新农村文化建设的迫切要求的。只有大力发展农村文化创意产业，开发特色文化消费，提供个性化、分众化的文化产品和服务，对农村所蕴藏的丰富文化资源进行发掘并加以利用，才能有助于中国优秀传统文化的传承和发展，有助于满足人民日益增长的精神文化需求。

三、经济实力保障资金来源

文化创意产业的发展离不开强大的经济实力做支撑，我国农村文化创意产

① 汪建根.国民文化消费状况调查：居民文化消费能力总体偏低［N］.中国文化报，2013-03-05.

业的发展也是如此。福建南安市梅山镇蓉中村文化创意产业的发展就是一个典型的案例。蓉中村位于福建省南安市梅山镇区中心附近，是一个土地面积仅有1平方千米，不靠山、不靠海、缺乏矿产资源的小村庄，耕地面积500亩，人口2700人，共有10个村民小组。在“经济先行、文化引领”的发展模式的带动下，大力兴办企业，发展文化事业，走出了一条让农民“富口袋又富脑袋”的路子。蓉中村结合“招商选资项目年”“回归创业工程”等活动，引进企业8家，总投资达1.6亿元人民币。2010年全村生产总值达8.3亿元人民币，村财收入达到280万元人民币，村民人均收入达到16200元人民币，约是全国农民人均纯收入的3倍。经济发展带动了文化建设，村里目前拥有国家一级图书馆、全省最具规模的农家书屋、文化中心、体育活动休闲中心、老人活动中心、文化艺术团……企业文化、侨乡文化、校园文化、军营文化等多种文化在蓉中村交汇融合，形成了独具特色的社会主义新农村文化，成为海西社会主义新农村建设的示范村，是远近闻名的教育之村、文化之村、科技之村、和谐之村、小康之村、魅力之村。同时，蓉中村通过与国家级艺术院团东方歌舞团签订文化共建协议，促进蓉中村文化产业发展。在东方演艺企业的平台上，双方出资组建“中国东方演艺集团蓉中文化产业有限公司”，以公司实体分步开展新农村文化艺术培训、舞台演艺项目合作、影视产业合作、影视基地的开发与建设、文化品牌的延伸与附加价值建设等方面合作。依托东方演艺集团现有的艺术板块和资源，将东方演艺的品牌进行延伸，创作拍摄反映新农村题材的影视剧，形成影视城、影剧院、培训中心、文化产业一条街，推进蓉中村文化创意产业发展，使文化创意产业发展成为蓉中村新的经济增长点。

尽管我国国民经济不断增长，农民收入水平不断提高，但从目前情况看，我国农村用于投入文化消费的资金比重并未明显增加，农民对文化娱乐的消费反而减少。农民文化消费支出的减少不利于农村文化创意产业资金的筹集，从而遏制了对农村文化产品的供应，因此应完善农村公共文化基础设施服务，提供适合农民需求的、价格低廉的优秀文化产品，引导农民积极开展文化创建活动，活跃农村文化气氛，抓住当前农村经济增长的优势大力发展农村文化创意产业，尤其是对于农村外部的企业、投资人应该着力引进，让他们成为农村文化创意产业发展的重要的资金支持者。

四、城市文化创意产业辐射带来发展机遇

城市文化创意产业的快速发展，为农村文化创意产业带来了良好的发展机遇。随着科技的进步，有些文化创意产业对中心城区的地理依赖性降低，农村地区完全可以发挥成本、政策的优势，承接文化创意产业从中心城区的溢出和转移，形成文化创意产业基地、影视基地和文化创意产业集聚园区。例如，上海市嘉定区文化创意产业战略园区、黑龙江佳木斯敖其湾文化产业园区都是典型的案例。

嘉定区是上海西北部的一个郊区，区政府注重结合嘉定的地域和文化的特点，从生态环境、空间品质、文化品位等方面形成独具特色的集聚地，努力打造具有特色的文化创意产业集聚区，并初步显现产业集聚效应。目前嘉定吸引了百度、携程网、中华汽配网等一批互联网企业，京东商城、新蛋等一批电子商务网站以及一批网游企业；吸引了中国科学院回归，创建了国家级的科研院所十所、上海物联网中心、国家基础软件基地，云计算产业园区等一批重要的战略园区中心也在此集聚；一批著名的广告企业入驻，并举办了亚太广告节和纽约广告节，艺术集聚区采用了著名艺术家、著名艺术机构和著名的建筑师合作的模式，集聚了一批艺术家和艺术机构，文化艺术激活了周边农村的活力，形成了农村文化创意产业发展格局。

黑龙江佳木斯敖其湾文化产业园区坐落在佳木斯郊区敖其镇，园区内不仅创建了影视拍摄基地，还建有民间民俗艺术品展销区和赫哲文化旅游区。民间民俗艺术品展销区主要用于赫哲族鱼皮饰品展示、东北民间民俗艺术品展销、全国特色民族民俗工艺品展销等。赫哲文化旅游区主要用来展示水上舞台、赫哲人家、赫哲族渔猎文化广场及赫哲新村等赫哲族的民风民俗。敖其湾文化产业园区为农村及少数民族文化提供了宣传展示的平台，拓宽了农村文化产品的销售渠道，促进了农村文化创意产业的发展。

另外，随着城市文化创意产业竞争越来越激烈以及同质化现象的严重性，一些城市文化企业开始把目光投向农村，在农村寻求发展商机。例如，长影集团有限责任公司（长春电影制片厂）在 2009 年与辽源市东丰县签约合作并在扎兰芬围民俗园内建立“农村题材影视拍摄基地”，把影视概念真正引进扎兰芬围民俗园。长影集团通过把外景拍摄基地设在扎兰芬围民俗文化园，充分利用园区内搭建的以满族风情文化为基础、再现关东农村风貌的独特景观，拍摄出更多农村题材的

电影作品，也通过电影这个媒介来传播鹿乡文化，提升东丰县的知名度，把东丰推荐给了全世界。

五、文化产业政策营造良好发展环境

随着国家对文化创意产业发展的高度重视，一系列关于文化产业发展的政策文件陆续出台，如2003年文化部颁布的《关于支持和促进文化产业发展的若干意见》阐述了充分认识发展文化产业的战略意义，指出了当前我国文化产业的发展现状及其问题，以及文化产业发展的指导思想、发展目标和基本思路，提出了发展文化产业的主要措施及加强对文化产业工作的领导等方面促进文化产业发展，为我国农村文化产业的发展确立了具体目标。2005年国务院《关于非公有资本进入文化产业的若干决定》规定了非公有资本进入、从事、参与、投资、设立和经营文化产业的领域，进一步引导和规范了非公有资本进入文化产业，逐步形成以公有制为主体、多种所有制经济共同发展的文化产业格局，提高了我国文化产业的整体实力和竞争力，为我国农村文化产业发展注入了新的活力。2009年《文化产业振兴规划》的颁布标志着文化产业已经上升为国家的战略性产业。该规划阐述了加快我国文化产业振兴的重要性和紧迫性，指出了我国文化产业发展的指导思想、基本原则和规划目标，当前和今后一个时期文化产业发展的重点任务，提出了今后文化产业发展的政策措施及保障条件，为文化产业的振兴发展指明了方向。2010年《关于金融支持文化产业振兴和发展繁荣的指导意见》从积极开发适合文化产业特点的信贷产品，加大有效的信贷投放完善授信模式，加强和改进对文化产业的金融服务；大力发展多层次资本市场，扩大文化企业的直接融资规模；积极培育和发展文化产业保险市场；建立健全有利于金融支持文化产业发展的配套机制以及加强政策协调和实施效果监测评估六个方面加强对文化产业振兴和发展繁荣的金融支持，为我国农村文化产业的发展提供资金保障。2012年《文化部“十二五”时期文化产业倍增计划》阐明了当前及今后我国文化产业发展的主要任务是培育壮大市场主体、转变文化产业发展方式、优化文化产业布局、加强文化产品创作生产的引导、扩大文化消费、推进文化科技创新及实施重大项目带动战略。

2014年被称为我国的文化产业政策年，除了中央财政50亿元人民币支持该年度文化产业发展以外，从国家层面出台的相关政策文件多达 15 部，政策涵盖了产业融合、区域发展、人才扶持、文化贸易、文化金融、财税支持、文化企业、特色产业等方面。各省市区根据国家政策和当地实际情况，相继出台多部配套政策。例如，《关于推进文化创意和设计服务与相关产业融合发展的若干意见》明确了通过文化创意产业加强相关产业融合的发展思路，提出了相关对策；《关于加快发展对外文化贸易的意见》鼓励和支持国有、民营、外资等各种所有制文化企业从事国家法律法规允许经营的对外文化贸易业务，并享有同等待遇；《藏羌彝文化产业走廊总体规划》提出"在与产业和市场的结合中实现民族文化的有效传承和保护"，"以改善民生为出发点，加快发展特色文化产业"，"推进文化与生态、旅游的融合发展"；《关于推动特色文化产业发展的指导意见》更是明确了发展区域性特色文化产业带、建设特色文化产业示范区、打造特色文化城镇和农村、健全各类特色文化市场主体、培育特色文化品牌的方向性目标；《关于大力支持小微文化企业发展的实施意见》为更多的文化市场主体发展优化了环境。这一系列文化产业政策的出台是战略性的、全局性的，不仅适用于城市文化产业，也为农村创意文化产业发展创设了良好的环境基础。

党的十八大以来，党中央高度重视文化建设，对文化改革发展做出一系列重要论述，提出许多新理念、新思想、新战略，我国文化产业呈现出"千帆竞发、百舸争流"的良好发展态势。

六、国际文化交流提供有利发展平台

发展对外文化交流，是自从中华人民共和国成立以来中国共产党一项重要的事业。早在新中国成立初期，中国共产党就从解放区选派了郭兰英、孙维世等一批青年艺术家赴匈牙利参加世界青年与学生和平友谊联欢节。1951 年，中国与波兰签订了政府间文化合作协定，这是新中国与外国政府签订的第一个文化合作协定，标志着新中国对外文化交流正式拉开了帷幕。中国先后与以苏联为首的社会主义国家、亚非拉国家及西方国家建立文化交流合作关系。

1978 年，党的十一届三中全会开启了改革开放的新时代，对外文化工作迎来了大发展的春天。1981 年国务院设立国家对外文化联络委员会，专门负责管理对外文化工作，随后又于 1982 年合并文化部、国家对外文化联合委员会、外文局、出版局和文物局五单位为文化部，由文化部主管对外文化工作，我国对外文化关系和交流范围逐步扩大。

进入 21 世纪以来，中国的文化外交成为国际舞台上一道亮丽的风景。主要体现在国际文化相关博览会、文化外交、文化交流、文化对外宣传和文化贸易五大工作领域。在国际文博会方面，如中国（深圳）国际文化产业博览交易会、中国北京国际文化创意产业博览会、中国义乌文化产品交易博览会及 2013 年首届云南文化产业博览会。在文化外交方面，如中国与国外共同举办的“中法文化年”“中俄国家年”“中日文化体育交流年”等。在文化交流合作方面，如举行“中国文化美国行”“中阿合作论坛——阿拉伯艺术节”“中华文化非洲行”“北京国际音乐节”“亚洲艺术节”“上海国际电影节”“中国国际民间艺术节”“中国吴桥国际杂技节”“杭州国际动漫节”“南宁国际民歌艺术节”“北京国际图书博览会”“青海湖国际诗歌节”“新疆国际民间舞蹈节”等。在文化对外宣传和文化贸易方面，我们已经形成了一系列有影响的文化外宣品牌，如“春节”“国庆”“中国走进课堂”“感知中国”等活动已成为传播中华文化的重要载体。越来越多的中华文化精品也走出了国门，如《大红灯笼高高挂》《野斑马》《霸王别姬》《少林雄风》《云南映像》等，成为国际演艺市场的新宠。

通过国际文化交流，农村文化产品也大量走出国门。河北吴桥杂技借助连续举办 14 届的“中国吴桥国际杂技节”这个国际文化交流平台，发展势头良好。目前吴桥县已有 4 家一定规模的境外演出公司。仅 2013 年的前 9 个月，吴桥县境外演出收入达 1515 万美元，占全市同期境外演出收入即服务贸易出口总值的 88.5%。其中，吴桥县龙之传奇杂技演出有限公司创收 1127 万美元，分别占同期吴桥和全市境外演出收入的 74. 39% 和 65.87%。境外演出已扩大到亚洲、欧洲、非洲、中北美洲等的 20 多个国家和地区。① 同时，通过“中国吴桥国际杂技节”这一平台优势，吴桥县杂技团学习国外杂技先进的技术，提升了本土杂技技艺，促进了本土杂技的发展，增强了本土杂技的国际竞争力。有条件、有能力的农村，应该充分利用国际文化交流这一平台“走出去”，提高本土文化知名度，促进农村文化创意产业蓬勃发展。

---

① 郭玉培，强国树．杂技之乡吴桥的杂技境外演出收入倍增［N］．沧州日报，2013-11-08.

第二节 不利因素条件分析

尽管中国农业发展取得了明显成绩，但自然资源禀赋和经济社会基础与其他国家相比，人多地少、人多水少的问题非常突出，尤其是在一些偏远山区、林场、海岛，交通、信息等基础设施不完善，资源稀缺，产业发展要素并不齐全。“文化创意 +”农业是新兴产业形式，在基本内涵、主要特征、发展模式、实现路径、制度安排等方面都缺乏深度的认知和广泛的认同，在实践中也处于探索阶段，并且面临着诸多外部不利因素条件。

一、文化生态面临威胁

文化生态是指各地区各民族自然而然的原生性的、历史传承下来的日常的生产方式和生活方式，包括物质文化遗产和非物质文化遗产，如一些手工艺、古建筑、传统服饰、民风民俗、民间演艺等。文化生态具有不可再生性，这些具有鲜明地方特色的文化遗产不仅反映了我国源远流长的历史和丰富多彩的民族、民间、民俗文化，也是人类文明的历史见证。我国广大农村地区文化遗产数量众多，在全国约 40 万处不可移动文物中，半数以上分布在村、镇。农村是文化生态的母体，许多历史文化遗产一旦毁损，传统风格一旦变异，人居环境一旦破坏，将是人类文明的损失，也将对发展农村创意文化产业造成不可估量的损失。

2005 年《国务院关于加强文化遗产保护的通知》指出 :“中国文化遗产蕴含着中华民族特有的精神价值、思维方式、想象力，体现着中华民族的生命力和创造力，是各民族智慧的结晶，也是全人类文明的瑰宝。保护文化遗产，保持民族文化的传承，是连结民族情感纽带、增进民族团结和维护国家统一及社会稳定的重要文化基础，也是维护世界文化多样性和创造性，促进人类共同发展的前提。加强文化遗产保护，是建设社会主义先进文化，贯彻落实科学发展观和构建社会主义和谐社会的必然要求。”对于农村文化遗产保护，要建立健全责任制度和责任追究制度，加快文化遗产保护法制建设，加大执法力度；安排文化遗产保护专项资金，加强文化遗产保护管理机构和专业队伍建设，大力培养文化遗产保护和管理所需的各类专门人才；加大宣传力度，营造保护文化遗产的良好氛围。

随着经济全球化趋势和现代化进程的加快，我国的文化生态正在发生巨大变化，文化遗产及其生存环境受到严重威胁。不少历史文化名城（街区、村镇）、古建筑、古遗址及风景名胜区整体风貌遭到破坏。文物非法交易、盗窃和盗掘古遗址古墓葬以及走私文物的违法犯罪活动在一些地区还没有得到有效遏制，致使大量珍贵文物流失境外。由于过度开发和不合理利用，导致许多重要文化遗产消亡或失传。在文化遗存相对丰富的少数民族聚居地区，由于人们生活环境和条件的变迁，民族或区域文化特色消失加快。例如，费孝通先生在谈到文化自觉时经常提到他在 20 世纪 80 年代考察的一个少数民族地区——内蒙古鄂伦春聚居区民族文化的消失。他在考察时发现鄂伦春民族原本是长期在森林中生存的民族，他们世世代代传下来一套适合于林区环境的文化，以从事狩猎和养鹿为主。可是近百年来由于森林的日益衰败，威胁到了这个现在只有几千人的民族的生存。20 世纪 90 年代末费孝通先生在黑龙江考察另一个只有几千人、以渔猎为主的赫哲族时，发现存在同样的问题。①

文化生态是农村文化创意产业发展的根基，文化生态被破坏将会严重影响农村文化传承和文化创意产业的发展，因此，加强农村文化遗产保护刻不容缓。

二、文化消费观念尚未成熟

社会生产过程包括生产、分配、交换和消费关系，并且存在着相互联系和相互制约的辩证关系。在这个辩证关系中，生产居于首要地位，起着决定

① 杨柳．费孝通思想探微：谈文化自觉及对文化的作用［J］．社科纵横，2010（7）．

性的主导作用，一定的生产决定着一定的分配、交换和消费；而分配交换和消费并不是单纯消极地由生产所决定，它们又积极影响和反作用于生产，促进或制约着生产的发展。生产的最终目的是消费，消费是人类自我实现的过程，它包括物质消费和文化消费，休闲娱乐是文化消费的一种表现形式，具有经济功能。因此，提高农民的文化消费水平是促进农村文化创意产业发展的内生动力。

当前，我国农民的文化消费水平较低，文化消费观念尚未形成，主要表现在两个方面，一是文化消费支出占总支出的比例很低；二是文化消费形式过于单一。据问卷形式对农村居民文化消费状况调查显示，农村居民文化消费项目主要有看电视、看书报杂志、听广播、下棋、看电影等，其中看电视高居首位，而其他文化活动的占比远低于看电视，分别占被调查者的25. 7%、23.2%、21.8%、18.1%，农村居民每天都看电视的比例高达89. 6%。

农村文化消费观念的滞后性不仅与思想不解放有关，更是与农村文化产品的供不应求的现状密切相关。一个典型的事例是，某村村委会为村民修建一个广场并在此提供健身器材，目的是让村民健身锻炼、进行文化娱乐活动，但那些健身器材无人问津，之前广场上的一支健身舞蹈队如今也解散了，原因并不是农村缺少有空锻炼及跳舞的人员，而是农村未能形成文化活动的氛围。据被调查的老人介绍，一旦有成年人使用健身器材锻炼，就会被村里人在背后指指点点，所以他们宁可去老人会场所打牌，也不会"冒险"去碰那些器材。健身舞蹈队的队长更是气愤不已，在她领队跳健身舞期间，村里的很多老人碰到她总是指责说她"吃饱了撑的没事干"，好不容易在村里刚形成的一点文化氛围就被打压下去了。

农村文化产品的匮乏也是造成农村文化消费观念滞后的原因之一。农村公共文化设施数量缺乏，供需脱节、结构失衡、效率不高。根据调查，当前农村最需要的前五种公共文化设施为有线电视或电视差转台、健身场地及设施、农家书屋、棋牌室、阅报栏；而农村公共文化设施供给最多的却是农家书屋、有线电视/电视差转台、文化大院、文化活动室、有线广播，在供给最多和需求最强烈的五个公共文化设施中有三个是不一致的，供需脱节率达到60%。同时，由于农村文化产品的供给都是自上而下的，很少有能够反映农民真正需要的文化产品，效率不高。另外，农村文化产品供给不足，不能满足文化消费需求，导致消极文化消费盛行。相对于城市文化产品的丰富多样，农村文化产品供应存在严重的匮乏现象，农民多余的空闲时间无处消遣，导致农村一些消极文化盛行，如赌博、封建迷信等，这些问题不利于农村文化创意产业的发展。

三、城乡二元结构阻碍农村发展

城乡二元结构是指维持城市现代工业和农村传统农业二元经济形态，以及城市社会和农村社会相互分割的二元社会形态的一系列制度安排所形成的制度结构。随着工业化、城镇化的发展，大量农村人口尤其是青壮年劳力不断“外流”，农村常住人口逐渐减少，很多村庄出现“人走房空”现象，并由人口空心化逐渐演化为人口、土地、产业和基础设施的整体空心化。① 农民是农村文化创意产业生产和创作的主体，人口的空心化导致农村文化建设和产业发展主体的缺失，这对于急需人才支撑的农村文化创意产业发展是十分不利的。而且外出农民工的受教育程度远高于在农村的从业劳动力，劳动力人口的流失以及文化素质偏低，使得乡土文化传承与发展的主体越来越弱、群体越来越小。

有研究团队以手工文化资源发达的山东农村为观测点，对临沂柳编、红花乡中国结、吕楠石雕，菏泽巨野农民工笔画、曹县桐杨木、藤城民间土布、潍坊杨家掉风筝、杨家填年画、高密毛绒玩具 3 个地区 9 个手工艺品类进行调研时发现，农村人口的流失是导致农村手工艺文化产业不能达到很好传承以至于消失的重要原因。由于村庄里的大部分年轻人外出打工，使得农村从事这些手工艺的主体都是老人或根本没有传承人，导致了农村手工艺传承面临断代的危机。

现有城乡二元结构下，城市文化创意产业发展如火如荼，多数农村却仍在探索文化资源开发利用机制。如果不能形成农村文化资源开发利用机制，将会使农村文化资源虽有开发但因缺少保护而形成粗放型的发展方式，导致严重的资源浪费。不能形成农村文化资源开发利用机制，一方面难以形成文化自信，农村在向外界宣传推广时，底气不足，难于引资，在自身财力不足的情况下，

---

① 李周，任常青 . 农村空心化：困局如何破解［N］. 人民日报，2013-02-03.

对农村文化创意产业的发展十分不利；另一方面，对文化资源摸底不清楚，无法明确哪些文化资源需要保存和修复，哪些是濒临灭绝的民间工艺和民间演艺等资源，农村文化资源难以得到有效的传承、转化和利用。

四、新兴产业形式不完善

尽管我国在稳增长、调结构、促改革、惠民生等方面的发展要求对新兴产业给予了积极的鼓励和支持，但“文化创意 +”农业融合发展依然处在相关政策不断出台、各种形式的创新不断涌现、新兴需求不断升级、产业形态不断完善的阶段。

（一）处于自发和无序状态

尽管“文化创意 +”农业融合发展已经受到推崇，但其在区域发展总体规划中仍处于附属地位，很难在资源上获得更多的支持，这与城市居民日益旺盛的文化休闲旅游消费需求存在矛盾。由于缺乏合理的发展规划，导致产业发展目标不明确，再加上现有资源远远不能满足产业发展的需要，致使“文化创意 +”农业融合发展陷入未兴先乱的局面。另外，由于农村文化产品和服务的创新能力有限，而复制模仿成功模式的成本和风险低，由此导致农村文化产品同质化竞争严重，市场体系混乱。

（二）需求多样化与产品单一化的矛盾突出

“文化创意 +”农业融合发展的产品满足的主要是人的生活方式的需求，更强调精神的满足感，正呈现多样化发展趋势。而我国目前“文化创意 +”农业融合发展基本上是以餐饮、观光和农产品销售为主营业务，产品类型和服务内容单一，而且缺乏文化内涵和创意设计，农村资源的开发和使用效率低下，产业发展与消费需求未能有效对接。这种供给与需求之间的矛盾，使市场处于一种不稳定状态，如果不及时改善，供求矛盾将会随着时间的推移而愈发凸显，从而抑制产业的发展空间。

（三）利益分配矛盾突出

利益主体的多样性和利益关系的复杂性，使“文化创意 +”农业融合发展在利益分配上存在冲突。“文化创意 +”农业融合发展的利益主体涉及企业、相关机构、资源控制者和当地居民等多个方面，在产业发展中，任何一方过度看重其自身利益而实施机会主义的行为，都会使其他利益主体遭受损失。在我国当前阶段，新兴产业由于利益分配不合理而引发争议的事例屡见不鲜，由于不同利益群体缺乏相互联系又相互制约的协调沟通机制，导致产业各方利益都得不到有效保障，直接影响到产业的健康发展。

五、利益协调机制缺失

“文化创意 +”农业融合发展这种新兴产业形式在我国正处于起步和探索阶段，农民出于生活条件改善的需求，会自发经营一些产业项目。此时期，农民的创业风险很大，有的家庭即使投资也不一定能正常经营，但即使如此，这些业主都心甘情愿自担风险、自负盈亏。在这个自发阶段，使用农村资源的竞争性程度低，农户之间及其与政府等利益相关者之间的矛盾较少。但是，如果产业得到进一步发展，利益相关者之间的各种冲突将随之发生。例如，乡村旅游中的不正当拉客行为；农家乐的业主对于政府休闲基础设施配套区位的争夺；乡村旅游发展中的资本捆绑与精英俘获问题；乡村旅游景区与农家乐等旅游“小企业”的价格与佣金矛盾问题以及销售数量的不同影响等。随着竞争加剧、环境恶化与社会负面影响，农村文化创意产业发展最终会进入一个停滞期，而其如不能重新复兴，经济效益就会下降。

农村文化创意产业的协调机制缺失的问题主要源于不同所有者的目标冲突和信息不对称，从而导致产业链的各主体之间不协调发展，这种不协调问题如果得不到解决，会影响产业的可持续发展。农村文化创意产业链中的信息不对称导致的不信任也是导致利益相关各方矛盾的重要原因，包括社区居民对政府与开发商的协议信息不了解、产业发展中的环境破坏与补偿知识欠缺、消费者对产业经营主体真实信息不了解、社区居民及地方政府对于外来开发商的经营能力和经营手段不了解等。

从产权主体属性来看，农村文化创意产业与其他行业一样包括私有产权、国有产权和共有产权三个类别，其中共有产权包括集体管理（集体产权）。不管国内还是国外，几乎所有企业都是小微企业，有的甚至不是法人。但不管什么体制和运作模式，农村“小企业”的竞争矛盾及产业链的治理问题从根本上说都是各利益相关者的利益获得及协调问题。为了预防劣币驱逐良币问题的发生，农村文化创意产业需要建立协调机制，以便克服相关矛盾所导致的负外部性与不可持续发展。否则，农村文化创意产业的各种发展蓝图最终都会是无源之水、无木之本。

第三节 文化创意对于农业发展的功能

“文化创意 +”农业融合发展不能简单地套用城市和工业发展模式，而应该在城乡经济、社会、文化协调发展的前提下，探索一种更符合地域特征的发展方式。农耕文明对中国社会影响深远，农村是中国传统文化的根基所在，因此“文化创意 +”农业融合发展进程不能忽视文化建设和文化关注。[①] 文化创意产业是一种注重文化资源、创意元素、产业手段的综合开发和利用的现代产业形式，具有跨越产业界限的整合能力、就业机会的创造能力、市场需求的拉动能力和社会核心价值体系的建设能力，在“文化创意 +”农业融合发展中具有重要功能。

一、文化功能

文化是依托特定地域自然环境与社会环境，逐步凝结所形成的人类与环境相互适应、相互融合的精神和智慧结晶。城市与乡村是两种不同的人类聚居载体，有着不同的演进历程和发展规律，也形成了精神内涵和价值取向不尽相同的文化。在“文化创意 +”农业融合发展进程中，城市文化与乡村文化的碰撞、交流和融合不可避免。但城乡文化并不是对立的两面，城市在空间范围上向农村扩张的同时，也将乡村文化融入了城市文化生态系统。

“文化创意 +”农业融合发展不能片面地追求产业收益和经济增长，而是应以文化与经济的协调发展为最终目的，尤其是要维护文化的多样性和独特性，避免城市发展中所出现的问题。近年来，一些城市拆除了富有地域特色和传统文化特

① 胡亮 . 繁荣中国要有文化灵魂［N］. 中国经济日报，2013-03-13.

色的街区、建筑和民居，取而代之的是拥挤的道路、喧闹的广场和林立的高楼。由于工业文明对大众生产便利化和标准化的追求，以及城市发展规划中的雷同现象，致使城市面貌趋同，城市个性缺失，"千城一面"的窘境使城市生活失去了许多意味和情趣。正如冯骥才先生所说："似乎不知不觉间，曾经千姿百态的城市已经被我们'整容'得千篇一律，大量历史记忆从地图上抹去，节日情怀日渐稀薄，大量珍贵的口头相传的文化急速消失。"[①] 文化是城市的灵魂，没有历史文化积淀和地域文化特色的城市徒有华丽外表而实质空虚。2010 年上海世界博览会的主题是"城市，让生活更美好"，梁漱溟先生也指出"生活的样法即文化"。具有文化内涵和个性特色的城市和乡村才有可能成为高品质的宜居之所，这也是评判城市和乡村发展质量的重要依据。文化创意产业兼具文化和经济双重属性，有利于文化与经济发展关系的协调。

"文化创意 +" 农业融合发展的产品和服务的开发是乡村文化对城市文化的回应与适应，而城市居民在消费过程中带来的信息和理念又为乡村文化注入了新的创造力。这种文化的碰撞、交流和融合，有利于突破传统城市化千篇一律的建设模式，对于乡村振兴具有特殊意义。

二、经济功能

农村发展需要统筹国民经济各产业部门及产业要素配置，实现城乡产业结构与空间布局合理化，充分发挥产业在增加就业岗位和居民收入中的重要作用，其主要推动力是产业发展，重心是产业发展方式的选择和产业发展能力的提升。

"文化创意 +" 农业融合发展的核心问题是产业发展方式的选择及产业发展对区域经济社会所产生的影响。如果某种产业类型成为一个区域发展的推动力，当地基础设施的不断完善和社会环境的不断优化就会吸引更多的人口集聚，并由此带来需求的增长，促进地方产业部门的发展，带动相关产业联动发展。[②] 由于区位特点、资源禀赋、环境基础和发展能力的差异，不同区域的发展速度、特点与动力机制也不尽相同。但在实践领域，利用资源优势发展文化创意产业却是许多

① 冯骥才 . 城市为什么需要记忆［N］. 人民日报，2006-10-18.

② 陈甬军，陈爱贞 . 城镇化与产业区域转移［J］. 当代经济研究，2004（12）.

地区的共同选择，并显现出令人瞩目的经济与社会效益。例如，一年一度的“世界经济论坛”使瑞士的达沃斯小镇声名鹊起，带动了周边地区旅游、餐饮、交通运输和房地产业发展；蜚声国际的法国戛纳电影节，使一个地中海小镇成为旅游胜地和国际名流社交集会场所，还吸引了大量数字科技方面的知名企业和精英人才进驻；我国云南丽江、浙江横店、广西阳朔等地也致力于文化创意产业发展，并对当地农村社会形态产生有益影响也是典型例证。城镇化是在产业要素的极化效应驱动下所形成的人口和产业集聚，并由规模效应的形成来推动经济发展，文化创意产业可在这一过程中扮演重要角色。

“文化创意 +”农业融合发展成果的主要消费群体是城市居民，劳动力等生产要素资源大都来自乡村，城乡资源由此可以实现双向流动，优化城乡收入分配结构。此外，“文化创意 +”农业融合发展会吸引更多的外部资金和人才，不仅会带动相关产业的发展，而且能够为城郊基础设施的不断完善提供资金保障，为城乡统筹发展奠定基础。因此，“文化创意 +”农业融合发展无疑对农村经济发展具有重要意义。

三、社会功能

在农村地区发展文化创意产业可以缓解乡村居民大规模涌入城市所引发的社会问题，使得“离土不离乡”的农村富余劳动力转移有了可靠的载体，也使得城镇化发展成为他们的内在要求和主动融入。我国台湾地区出台的关于文化创意产业促进相关办法中对文化创意产业的定义是：“源于文化或创意积累，透过智慧财产之形成及运用，具有创造财富与就业机会之潜力，并保证全民美学素养，使国民生活环境提升之产业。”文化创意产业发展的根本宗旨是通过文化资源、创意元素和产业运作方式的有机结合，实现文化价值和商业价值共赢，并使从业者和消费者共享文化创造的成果。农村文化创意产业的发展为农村人口提供了新的职业方向和就业机会，有利于提升从业者的发展能力和创造能力，为农村社会结构向更具发展潜力的形态转变注入源源不竭的活力。另外，促使零散状态存在和工作的农村劳动力以组织化或集体形式参与新兴产业发展，市场意识和商业意识的强化促使他们向外寻求经济合作，经济边界的开放使得原本相对封闭的农村社会对外联系和互动更加频繁和广泛，农村居民的生活因此进入了更大的社会体系中。

城镇化是农业人口占很大比重的传统农业社会向非农业人口占多数的现代社会转变的过程，其人口比重的变化体现为农村富余劳动力的转移。但农村劳动力的转移途径并非只有向城市迁移这一种，也可通过城市要素向城郊村镇的集聚，促使农村人口就近、就地实现市民化，推动乡村社会形态的演进。"文化创意 +"农业融合发展可以吸纳大量农村富余劳动力，如景区管理、餐饮客房服务、保洁和绿化等，均需大量的劳动力。同时，有条件的农民也可以利用自身优势发展观光农业，提供"农家乐"等特色旅游休闲服务，或从事旅游商品生产与销售，进而直接成为产业发展主体。这也会为面临"空心化"的乡村注入新的发展动力，创造新的经济社会体系，使乡村在经过一个让人认为已死去的休克时期后，重新获得社会的、文化的和政治的生命力。"文化创意 +"农业融合发展不仅可以缓解乡村居民大规模涌入城市所引发的社会问题，使农村富余劳动力转移有了可靠的载体，也使城镇化发展内化为转移人口的需求进而主动融入其中。

四、生态功能

"文化创意 +"农业融合发展的前提是避免对自然生态环境的破坏，高效合理地利用自然资源，实现人与自然的和谐共处，因此"文化创意 +"农业融合发展对于保护和改善生态环境具有特殊功能。

农村作为自然生态的一个组成部分，其持续发展能力需要纳入自然生态系统中去考查，"文化创意 +"农业融合发展的目标是实现人与人和谐、人与自然和谐、自然系统和谐。近年来，城市的自然生态问题逐渐凸显，日益恶化的人居环境严重影响了城市的可持续发展。置身于原始自然的美丽风光，体会惬意和安适已成为很多城市居民向往的生活状态。然而，长途旅行需要的时间和费用过多，不能充分满足城市居民的需求，这一点助推了"文化创意 +"农业融合发展的迅速兴起。农村良好的自然生态环境是吸引消费者的主要因素，而从业者和当地居民由于从中获利，更强化了他们的环境保护意识，有助于提高破坏自然生态环境的机会成本，营造相关绿色产业发展的良好环境。"文化创意 +"农业融合发展在一定程度上可以看作是生态产业的范畴，对于自然生态保护具有积极作用，其对乡村振兴战略中生态问题的解决具有重要意义。

创意生态是"文化创意 +"农业融合发展的内容之一，生态创意是"文化创

意 +”农业融合发展的体现。城市越发达，现代都市人离大自然就越远，人们对农业的生态期待也越多。“文化创意 +”农业融合发展并非违背自然规律，而是尊重农业固有规律、秉承传统农业精髓，通过文化创意全面深化农业经济、生态和社会功能开发，弥补城市绿化不足、郊区农业落后、城乡生态质量不高的局面，降低农业污染和能耗，提高农业生产的“绿色”水平。

第四节 “文化创意 +”农业融合发展的意义

“文化创意 +”农业融合发展是以文化创意为核心，赋予农业发展以崭新的思维和理念。创意农业构筑多层次的全景产业链，通过创意把文化艺术活动、农业技术、农副产品和农耕活动，以及市场需求有机结合起来，形成彼此良性互动的产业价值体系，为农业和农村的发展开辟全新的空间，并实现产业价值的最大化。“文化创意 +”农业融合发展能够充分发挥人才、信息、科技、市场以及资金等方面的优势，不仅可以带动农村特色产业的形成，而且可以突破农村用地资源紧缺的约束，走可持续发展的道路。

一、促进农村产业结构调整

新经济增长理论认为，促进一国经济增长的方法，一靠内生的人力、技术等生产要素资源，二靠规模收益递增。在传统粗放型经济发展模式中，推动农业发展的生产要素是土地、劳动、资本等，农业发展主要依赖传统生产要素资源。创意农业强调的是将生产要素内化，以各种无形资产（如文化资源、智力资本、科学技术等）投入生产经营环节，有效突破传统生产要素资源的限制，从而为农业经济增长打通一条全新的道路。

农村产业结构调整的方向是促使农业向现代化产业升级，形成低消耗、低污染、协调经济增长和人文进步的区域发展模式。文化创意产业正是运用创意元素对文化资源进行加工，以此集聚资金推动产业发展，再用产业收益反哺文化发展，从而实现文化与经济的良性互动。因此，文化创意产业可以看作是一种利用农村文化资源、少占耕地、少耗能源、高附加值的适应农村经济健康发展要求的产业形态。例如，广西的民族文化项目“印象·刘三姐”，经过优秀创作团队的智力加工和经营团队的产业化运作，以壮族民歌为素材，以桂林山水为舞台，吸收当地农民参加演出，形成了以文化兴旅游、旅游促文化、文化旅游助产业的发展态势，走出了一条文化项目与乡村建设融为一体，文化与产业协同发展的道路。

农村的耕地、草地、林地、水力等资源有限，地理、气候、交通、环境等条件欠缺。近年来，大量中青年劳动力涌入城市，造成农村人力资源呈递减趋势。但是农村丰富多彩的自然景观、民俗风情、文化传统、人文资源为文化创意产业提供了发展基础，加以必要的创意、资金、技术、信息和管理等资源配置，通过市场化和产业化的有效组织，就完全可以实现第一、第二、第三产业的协调发展，演变出农村经济增长的新亮点。

二、提升农村人力资源质量

农村精神文明建设需要提高农民群众的思想、文化和道德水平，提升农村人力资源质量。文化创意产业具有商品和意识形态双重属性，要求产业参与者必须具备一定的文化素养和专业技能。“文化创意 +”农业融合发展能够促使农民有意识地提升综合素养，为农民提供发挥创新能力和创造财富的机会，进而促使农村文化创意阶层的形成。云南石林县阿着底村彝族女青年普菲在中学毕业后外出打工，在经历了市场经济的洗礼，体验了发达地区经济腾飞的活力之后，返乡组织村民发展传统烤烟和苹果种植，同时利用阿诗玛文化资源和当地旅游资源推广彝族刺绣产品，开发“彝家乐”民俗文化生态旅游。由村民参股成立了阿着底民族文化旅游开发有限公司，以专业化模式对种植业、刺绣业、旅游业和民间歌舞演艺业进行有效整合，当地农民既收获了物质财富又增长了市场经营意识和产业管理经验。

“文化创意 +”农业融合发展是农民提高自身素质与享受文化成果并提升产业发展水平的互动过程，以产业化运作加速劳动力转移。“文化创意 +”农业融合发展的产业化创意运作能够带动一系列休闲观光等服务业的发展，从而促进农业人口迅速向服务业转移，带动农业生产规模化，加速农村在地城镇化的发展。

三、满足多样化的消费需求

随着经济发展水平和生活质量的提升，人们的需求日趋多样化，而"文化创意 +"农业融合发展能够适应和满足多样化的消费需求。

首先，文化创意赋予农产品新的创意，改变农产品的常规用途，提供优质、新颖、安全的创意农产品，满足人们的文化精神需求，如用食用豆类制作项链、门帘等小饰品；用朝天椒、彩色西红柿、彩色茄子、盆栽草莓等果蔬做成盆果、盆菜等；用干谷穗做干花；用激光技术在果皮（如香蕉）和玫瑰花上刻上字或画，表示爱情或祝福等。

其次，"文化创意 +"农业融合发展满足人们的绿色体验消费需求。城市越发达，现代都市人离大自然越远，人们对自然生态的期待也越多。出资购买生态环境，已成为一种时尚。文化创意农业让环境更优美，有利于人与自然和谐相处，满足人们的体验消费需求。例如，将农业或生活的废弃物通过巧妙的构思制作成日用品或工艺品；用废弃的鱼骨、树叶或树枝作画；用农作物秸秆编织草鞋、手提袋、动物、杂物篮等；用蛋壳、贝壳做彩绘、花盆等工艺品；用杏核、桃核、松果等做雕刻艺术品；用树根做根雕等。文化创意农业形成规模效应后，可以带来农产品的批量生产。这一农业经济形态尊重农业经济发展规律，继承传统农业精华，开发文化创意农业的生产、生活、生态功能，能够发挥绿化、美化、净化城乡的作用，为"绿色 GDP"和"服务 GDP"做出更大贡献。

最后，"文化创意 +"农业融合发展能够满足农业休闲观光旅游需求。"文化创意 +"农业融合发展让农业生产和农产品承载各种情感和文化内涵，文化创意农产品的美色、美形、美味、美质、美感给人们带来各种享受。文化创意农业通过打造智慧型农业、快乐型农业，使田园美观化、农居个性化、农村景区化、农业旅游化，从而引导人们走进乡村、体验田园生活、回归自然，创造绿色消费新风尚。如北京奉贤区庄行镇的稻田养鱼，稻鱼共生，经济效益高，观赏性强，充分满足了市民休闲观光旅游的需求。

四、加快城乡一体化进程

城乡一体化是实现城市和农村之间生产要素合理流动和优化组合，建立城乡经济和社会生活紧密结合、协调发展的新型城乡关系。文化创意产业的兴起是当代经济、文化、科技交互发展在产业层面的具体表现，其产业内部蕴含强大的跨界融合能力正符合城乡一体化建设的要求。位于上海、杭州和苏州之间的江南水乡小镇周庄，依托自然景观修建具有浓郁人文情怀的文化标志，创意设计并加工了丰富的文化产品，开发了具有生活品位和艺术气质的饮食起居和休憩娱乐项目，并以多种形式积极开展区域与国际文化交流活动，吸引了大批城市甚至国外游客来小镇休闲度假。周庄经验就在于通过地方特色产业的开发和传统民俗民间文化内涵的提升，推动城乡之间人员流、资金流、商品流和信息流的交汇。文化创意产业在城乡一体化建设中，以农村文化资源和区域文化特色为核心，以自然农业生态为依托，以改善人居生活品质为目标，以规范化的产业运作为手段，就完全可以摸索出经济生态、自然生态和文化生态文明三位一体的发展模式。

“文化创意 +”农业融合发展不只是一种产业经济，而且是一种农业文明展示。“文化创意 +”农业融合发展能够为产品的服务注入新的文化要素，为消费者提供与众不同的快乐体验，从而提高产品与服务的观念价值，并且因品牌的作用而提高产业的附加值。“文化创意 +”农业融合发展有利于促进农业发展，丰富文化内涵，改进生活方式，提高幸福指数。

第五节 “文化创意 +”农业融合发展的特征

“文化创意 +”农业融合发展是多种产业相融合的新兴业态，其并非文化创意产业与农业生产的简单叠加，而是二者的有机融合，因此，“文化创意 +”农业融合发展不仅集合了文化创意产业和农业生产的特点，还有其自身的独特性。

一、强融合性

“文化创意 +”农业融合发展并非是单一的产业形式，而是将文化创意产业的创意元素、创新技术、知识产权与农业生产或农业服务相融合，其产品或服务则是文化创意产业与农业生产和科技服务等多元交叉、相互渗透的成果，如北京市大兴区的玻璃西瓜、平谷区的刻字寿桃，不仅是现代农业生产高新技术的应用，同时也是文化创意的表现形式，充分体现了“文化创意 +”农业融合发展所具有的融合性特征。“文化创意 +”农业融合发展既包括第一、第二、第三产业的融合，又包括多文化、多学科、多技术的融合，将农业的生产、休闲、旅游、科普等综合功能以文化创意进行连接，形成特色产业链和产业集群。

二、高知识性

“文化创意 +”农业融合发展是以文化创意与现代农业技术为核心的相互交融、集成创新的产物。在创意元素与现代科技的支撑下，使农业呈现出智能化、特色化等特点，通过与文化、旅游等其他产业的融合，对传统农业进行“二次开发”，通过发挥创意功能，发掘和丰富农业资源的文化内涵，提升文化品位；通过文化创意思维模式与相关活动提高农业及相关产业的附加值；用文化创意产业的知识转化成果提升农业的综合功能。“文化创意 +”农业融合发展所创造的产品并非局限于农产品本身的价值，更重要的是其蕴含的文化创意成果，其产品和服务具有高知识性特征。正因如此，“文化创意 +”农业融合发展能够将单一的农业生产与丰富的多元文化相结合，将农业产品与民俗文化相结合，将农业景观与人文历史相结合，满足人们精神层面多元化的需求。

三、高创意性

“文化创意 +”农业融合发展是具有高创意性的新兴产业形式，将文化创意产业的概念融入农业中所呈现出来的诸如农产品、主题农园、休闲度假综合体等各种产业形式，具备文化、艺术、创意、体验、实用等多种功能。“文化创意 +”农业融合发展通过文化创意将农业生产与文化艺术相结合，丰富了农业、农副产品的文化内涵，大大提高了农产品的艺术性和个性，一改人们对传统农业的印象，而使农业逐渐变为一个“美的农业”，农业生产业不再仅仅为“舌尖服务”，更是带来更多的五官感受与身心体验的多重享受，从而能满足不同群体对农产品或农业服务的个性需求。

四、高附加值

传统的农业生产通常要消耗大量的自然资源，而“文化创意 +”农业融合发展的核心资源是文化创意，其生产关键要素是人的智力成果，特别是文化和技术相结合的人的智慧创造，将文化创意和科学技术融入农业生产，提高农产品或服务的特色化与个性化，增加一般农产品及服务的文化创意附加值，同时，由于“文化创意 +”农业融合发展综合了文化创意和科技创新，具有生产模式新颖、规模化生产、标准化管理、质量安全水平高、无污染、低能耗等特点，大幅提高了农业生产的综合经济效益。“文化创意 +”农业融合发展所创造的产品具有较高的附加值和较高的营利性，能够通过规划设计、农产品的“再创意”、技术应用等形式直接增加农民收入，拓展农民就业空间，并且进一步提升农产品附加值和农业综合效益，为延伸农业产业链、开拓新兴消费市场做出重要贡献。

五、高集群化

“文化创意 +”农业融合发展是农业知识、农村文化以及现代农业技术发展与现代营销理念的综合创新。“文化创意 +”农业融合发展并非仅限于农业生产模式的改变与农业生产的发展，而是融合了文化创意产业、科技创新以及服务行业等多种业态。“文化创意 +”农业融合发展必须以文化创意产业发展为背景、农业生产效益提升为基础、服务行业综合发展为前提，同时，也需要通过现代管理手段，整合从产品设计到研发、生产、营销等环节的各种资源。因此，“文化创意 +”农业融合发展是第一、第二和第三产业的融合发展，是具有高集群化特征的新兴产业形式。“文化创意 +”农业融合发展不仅仅是某个灵感突发，而是现代社会文化传播构成与现代农业产业发展形态以及现代管理运作方式相结合的综合创新。“文化创意 +”农业融合发展需要生产和消费的结合、互动和相对集聚，形成产业集群化发展的环境。

六、特色资源整合性

“文化创意 +”农业融合发展并非文化创意产业和农业生产资源的再投入或再制造，而是充分整合文化创意产业与农业生产现有的资源要素，通过文化创意产业的创意灵感、创新技术等对现有的农业和农村资源的再发现、再利用与再整合。在两种产业的融合发展过程中，以文化创意产业为核心，以农业生产为基础，以农业和农村资源作为文化创意的载体，通过引入文化创意产业的新创意、新知识、新理念和新技术，赋予传统农业生产新的资源要素，重新开发传统农业生产模式，重新设计农业生产流程，重新包装传统农副产品及服务，突出其创意性，充分整合文化创意产业与农业的市场资源，进一步拓展新兴市场空间。

“文化创意 +”农业融合发展不仅为人们提供文化含量较高的产品和服务，满足人们精神需求，形成新的消费市场，更重要的是实现了多种产业形式的融合发展，促进产业创新和结构优化，推动区域经济升级和创新。

第三章

“文化创意+”农业融合发展业态

“文化创意+”农业融合发展业态是指多元要素融合而成的不同农产品（服务）、农业经营方式和农业经营组织形式。由于农业和农村资源要素的多元性，多个农村通过不同方式的资源融合以及产业链的纵向延展和横向拓宽，已催生出多种“文化创意+”农业融合发展新业态，各种业态发展呈现出不同的阶段性特征，部分农村已经取得可喜的发展成效。在未来，广大农村应将产业兴旺当作根本，逐步形成“一村一品、一村一景、一村一韵、一村一业”的美丽乡村格局，这样会为乡村振兴筑牢坚实的基础。

第一节 休闲观光业

休闲观光业是把通过创意转化将农业和农村田园景观、自然生态及环境资源进行重新设计和开发利用，结合农林牧渔生产、农业经营活动、农村文化及农家生活，提供人们观光旅游、丰富农业知识、交流农业经验、体验农业生产劳动与农民生活、享用农业成果、利用田园休憩健身的“文化创意 +”农业融合发展的新兴产业形式。休闲观光业是结合生产、生活与生态三位一体的农业在经营上表现为集产供销及休闲旅游服务等产业于一体的农业发展形式，是文化创意、休闲旅游与区域农业有机融合并互促共荣的新业态。

一、“文化创意 +”休闲观光融合发展

在农村发展休闲观光业主要是满足游客在非都市区域的活动和体验，活动的地点在城市以外，活动的内容具有乡土性，如亲近大自然、瓜果采摘、农活体验。发展的三大载体是自然资源、历史文化遗产、农产品，使产业项目与当地的农户产生交集，如农家乐、民宿等。

（一）“文化创意 +”休闲观光的主要业态

“文化创意 +”休闲观光的经营形态多元化，大致可分为休闲农业、苗木产业、休闲牧场、休闲渔业、观光农园、农村民宿及森林旅游等。在经营上结合了农业产销、技工和休闲服务等产业，生产、生活与生态三位一体，具有经济、社会、教育、环保、游憩、文化传承等多方面的功能。

1.“文化创意 +”休闲农业

“文化创意 +”休闲农业是依托大面积的农业种植区域，专门开辟出一块区域通过创意化种植构筑，开发农业观光项目。这些项目一般是作为乡村旅游开发的重要景观底色出现的，在当下国家进一步加强对基本农田管控的形势下，如何提升大田种植的景观效果也是时下农业资源开发的重要问题。

针对这种资源，一般的解决方式就是通过创意化设计打造大地种植景观，即可以将区域内最具特色的吉祥寓意或者最具地域特色的形态通过不同色彩的作物种植进行展示，建设至高观景平台供游客观赏。

2.“文化创意 +”苗木产业

苗木产业也是在农业旅游规划中经常碰到的资源类型，尤其是在国家大力推进生态文明建设的当下，苗木产业由于其高附加值和经济效益，在当下的广大乡村已经成为重要的产业升级选择，苗木花卉产业本身就具备旅游观赏和开发价值，但是由于规模和数量增加，花卉苗木产业发展已经进入了白热化竞争阶段。

在苗木种植的时候可以按照城市、小镇、村庄、公园、道路、庭院的空间绿化美化景观效果进行景观苗木搭配种植展示，形成绿化美化样板间效果，提升苗木产业的销售；在情景化的样板间之中，进一步融入适合儿童、情侣、亲子、运动、游乐的各种旅游项目，形成整合化发展效果。

3.“文化创意 +”休闲牧场

“文化创意 +”休闲牧场融合发展依托的主要是畜牧家禽养殖产业，要求养殖产业需具备一定的规模，或者是依托草原、荒地、山林的养殖产业，或者养殖场周边有可利用的空地资源。

休闲牧场不仅仅局限于真正的草原牧场，而是指所有具备一定规模的养殖基地，养殖产业本身就是农业产业一个重要的组成部分，针对类似资源依托的项目，要充分释放人类对于动物的天然感情，除去要对养殖技术、环境和品质进行稳步提升外，如果还有可以依托的空地资源，我们则可以建立一个勇士狩猎乐园，该狩猎不等同于传统狩猎，而是让游客赤手空拳去抓我们特意放养的各种特色动物、去捡散养的鸡鸭鹅下的蛋、去挖山地野菜等，而且游客获得的动物蔬菜，一方面可以就地交由餐厅进行定制化烹饪，就地享受美食，另外一方面还可以定制化包装成为具有创意的特色旅游纪念品。

4."文化创意 +"休闲渔业

"文化创意 +"休闲渔业是指要丰富水产养殖品种的多元化，特别是用作旅游开发部分，其次要丰富体验游乐方式多元化，在传统垂钓的基础上，引入摸鱼、掏螃蟹、钓青蛙、抓大虾、粘知了等各种娱乐方式，将鱼的各种玩法（钓鱼、抓鱼、网鱼、摸鱼、打鱼）做到极致，同时引入相关联的其他乡土游乐方式，构筑一个乡土田园游乐游憩方式的综合体。

在做好各种游乐方式的同时，采用各种水产养殖产品进行创意化设计的发展思路，将鱼、虾、蟹、蛙、贝等进行象形设计，比如可以设计成为各种小屋、休闲座椅、景观设施、生活用具，真正地让游客进入水产养殖的王国。

（二）"文化创意 +"休闲观光融合发展趋势

"文化创意 +"休闲观光融合发展，一方面得益于市场需求，由于城市生活节奏快，压力大，人们需要旅游这样一种方式来放松身心，回归田园；另一方面则是农村经济发展的需要，休闲观光业可以带动当地经济的发展，利用当地资源增加就业机会，解决城乡二元结构问题，缩小城乡差距。"文化创意 +"休闲观光融合发展可以成为深度开发农业资源潜力，调整农业结构，改善农业环境，增加农民收入的新途径。

据国际经验，人均 GDP 超过 5000 美元即为休闲度假旅游需求的触发点。2016 年我国人均 GDP5.4 万元人民币，约 8000 美元，已达到休闲度假旅游需求触发点。居民收入增长将推动旅游需求层次升级，休闲度假类旅游需求处于快速上升阶段，对比发达国家行业发展经验，我国已具备覆盖休闲度假旅游需求的物质基础。

"文化创意 +"休闲观光融合发展注重的是环境保护和当地居民的主体性，尊重农村居民和地方特点，不过度关注经济利益；另外，需要不断拓展绿色观光农业的内涵，在观光农园、民俗农园和教育农园等方面进行创新，有效扩大生态农业耕地面积，使乡村成为一个"寓教于农"的"生态教育农业园"。

在"文化创意 +"休闲观光融合发展模式构建上，需要选用传统旅游开发模式，保持旅游产品的原真性及本土性，致力于传统农业生产开发，给予游客贴近传统、贴近自然的清新体验，凸显浓郁的当地特色，并且实现专业化经营。目前，"文化创意 +"休闲观光融合发展在我国已进入成长期，产品日渐丰富，规模不断扩大，利润加速增长。随着越来越多的主体参与，休闲观光业的市场竞争逐渐加剧，一些起步早、发展较快的大中城市周边地区，“文化创意 +”休闲观光融合发展的转型升级已显急迫。

二、重点案例

（一）周庄

周庄镇位于江苏省苏州市昆山市内，面积 39 平方千米，人口 2.2 万。周庄古镇距今已有 900 多年的历史，它“镇为泽园，四面环水”，“咫尺往来，皆须舟楫”，属于典型的江南水乡风貌，加之镇内 15—20 世纪初的传统建筑群达 46%，引起海内外无数游客的关注，现今是国家历史文化名镇、国家首批 5A 级景区、国家卫生镇和国家小城镇建设示范镇，海外报刊称之为“中国第一水乡”。

1. 农业经济转型文化旅游

周庄在 20 世纪 80 年代以前，由于镇域远离县城，经济以农为主，工业经济较为薄弱，1981 年镇村办工业总产值仅 500 多万元人民币。随着改革开放的深入发展，加之急水港大桥通车等交通条件的不断改善，各业经济持续稳定发展，其中旅游业的发展更为迅猛。20 多年来，面对 20 世纪八九十年代江南乡镇工业大发展的浪潮，周庄“逆流而动”，特立独行，凭借得天独厚的水乡古镇旅游资源，坚持“保护与发展并举”的指导思想，大力发展旅游业。以水乡古镇为依托，不断挖掘文化内涵，完善景区建设，丰富旅游内容，强化宣传促销，开创了江南水乡古镇游的先河，走出了一条保护与开发并重的古镇旅游发展之路，时称“周庄模式”。现今的周庄，已经是一座“镇村环境全面优化、镇民素质日益提高、三次产业融合发展”的魅力古镇，是一座古镇保护与旅游发展相互促进的新型桃源。据有关资料载，2003 年，周庄“全镇农民人均年纯收入已达 7000 多元人民币，就业率达 92%，全社会保险覆盖率 96%、农民基本医疗保险参保率 98%，全年接待海内外游客 180 万人次，旅游经济产值 10.2 亿元人民币，占 GDP 总量的 62%”。近年来，周庄不断致力于优秀传统文化的挖掘、弘扬和传承，全力塑造“民俗周庄、生活周庄、文化周庄”，这些创新更是受到了中外游客的青睐，每年前来观光、休闲、度假的游客超过 250 万人次，全社会旅游收入达 8 亿元人民币。

2000 年周庄荣获联合国人居中心授予的“迪拜国际改善居住环境最佳范例奖”，2001 年亚洲太平洋经济合作组织（APEC）会议也特别青睐周庄，把它定为上海以外的举办地之一。2003年，周庄获得联合国教科文组织亚太部授予的"文化遗产保护奖"。2005年位居中国百强镇第30位。2006年周庄荣获我国环境保护工作最高奖项"中华环境奖"以及"美国政府奖"。周庄已成为崛起在中国东南沿海的一颗旅游明珠。

2. 主要做法及启示

（1）政府高度重视与科学规划。周庄的旅游产业发展如此迅速，关键是当地及其上级政府的正确引导与大力支持。多年来，周庄镇政府以新农村建设为目标，力争做大做强旅游产业，不断出台新政策，创新措施，不断调整形成旅游经济的新格局，努力创造旅游产业竞争的新优势。

（2）加大宣传力度与创新营销模式。充分利用报纸、广播、电视、网络等各种媒体，对外宣传水镇周庄的独特魅力，通过宣传树形象，吸引游客眼球，巩固和发扬"中国第一水乡"的品牌优势。着力加强同全国各大旅行社的联系与合作，定期举办旅游艺术节等富有地方特色的旅游宣传活动，不断巩固和扩大国内旅游市场的占有份额。同时，抓住加入世界贸易组织、上海世博会、北京奥运会等契机，有计划有力度地拓展国际旅游市场。

（3）加大招商力度与扩大产业规模。周庄着力讲求静态景点与动态旅游的完美结合，围绕吃、住、行、游、购、娱六大旅游要素，科学规划开发旅游项目，不断调整旅游经济发展新格局，凸现创新开展丰富多彩的文化旅游活动，力求让游人在周庄体会到全面而多元的水乡之美。近年来，周庄除了注重保护原有的张厅、沈厅、叶楚伧故居、迷楼、南湖园全福寺、澄虚道院、双桥、富安桥、贞丰桥等游览景点以外，又根据市场需要扩展增添了民俗文化街及沈万山水底墓，并且增添了多个江南水乡文化博物馆。

（4）加强自身建设与全面提升产业发展质量。周庄重视加强旅游股份公司的员工管理与培训，不断规范旅游服务。在全镇树立了"游客第一"的观念，形成了"微笑服务，好客周庄"的良好传统与温馨氛围，让游客在周庄旅游的全程享有"宾至如归"的感觉，发出"不虚此行"的慨叹。

（5）市场化操作与企业化运营。江苏水乡周庄旅游股份有限公司成立于20世纪80年代，是江苏省第一家乡镇旅游服务企业，现在是周庄旅游业的主要负责者。几十年来，公司秉承"实施古镇保护、振兴古镇经济"的宗旨，大胆革新，制定出了较为科学完整的古镇保护发展规划，逐步走出了一条古镇保护与发展统一结合的成功之路。1998 年，公司以 3500 万人民币的资产规模组建了旅游集团公司。随后几年，“公司利润增长始终保持在 20% 以上”。2001 年 4 月正式设立了江苏水乡周庄旅游股份有限公司。公司不断加强市场资本运作，整合上下游的各类相关企业，着力打造更加完整的旅游产业链，刺激古镇的经济增长。公司实施多元营销策略，在华北、华东、西南及南方地区设有驻外办事处，着力掌控各地客源市场。公司的一系列举动，“把周庄古镇从单一、传统的以水乡为特色的观光目的地打造为全国乃至世界知名的休闲、度假胜地”。

（6）开发利用与资源保护并举。旅游资源是旅游业赖以生存和发展的前提条件。1986 年周庄就制定了古镇保护规划，随着周庄经济社会的发展进行了 8 次修编完善。几十年来，周庄先后投入大量资金保护古镇旅游资源，使珍贵历史文化遗产得到永久保存。

总的来看，周庄人民抓住改革开放的重大机遇，及时捕捉市场需求信息，充分利用身边独特的文化资源，以科学的规划引领开发其旅游业，以市场化运作提高其旅游业的水平，以科学发展的远见拓展其规模，以荣辱观、教育观提升其镇民的道德水准和服务质量，以市场为主体政府做调控的形式避免发展的同质化，竭力寻找自身旅游价值的多元实现形式，是其实现旅游产业高速发展的重要“秘诀”。

（二）闽西地区

闽西地处闽粤赣三省交界，是著名的客家祖地、侨区、革命老区、林区和旅游区，旅游资源十分丰富，客家文化、红色文化、绿色文化特色明显。作为全国著名的革命老区，闽西地区总共有新罗区、漳平市和永定、上杭、长汀、连城、武平 7 个中央苏区县。

1. 政策引导产业升级

党的十七届六中全会《中共中央关于深化文化体制改革推动社会主义文化大发展大繁荣若干重大问题的决定》提出：“加强爱国主义教育基地建设，用好红色旅游资源，使之成为弘扬培育民族精神和时代精神的重要课堂。”中共中央办公厅、国务院办公厅于 2004 年 12 月颁布的《2004—2010 年全国红色旅游发展规划纲要》阐述了红色旅游的概念，即主要是指以中国共产党领导人民在革命和战争时期建树丰功伟绩所形成的纪念地、标志物为载体，以其所承载的革命历史、革命事迹和革命精神为内涵，组织接待旅游者开展缅怀学习、参观游览的主题性旅游活动。提出了发展红色旅游的重要性、发展目标、主要任务、发展红色旅游的总体布局和具体措施。2011 年 3 月，中共中央办公厅、国务院办公厅再一次联合印发了《2011—2015 年全国红色旅游发展规划纲要》，明确提出了五年间全国红色旅游发展的指导思想、基本原则、发展目标、主要任务、详细措施等，是对 2014 年 12 月颁布纲要的补充和细化，提出更加详细的、可行的发展措施，是指导 2011-2015 年五年红色旅游发展的纲领性文件。

闽西地区是革命老区，红色政权、武装斗争及土地革命成果一直保存得很好，红色文化资源十分丰富，依托自然优美的乡野风景、舒适怡人的清新气候、独特的地热温泉、环保生态的绿色空间，结合周围的田园景观和民俗文化，兴建一些休闲、娱乐设施，为游客提供休憩、度假、娱乐、餐饮、健身等服务，促进红色文化旅游产业发展也取得良好的成效。目前已初步形成"红色之旅""客家之旅"和"生态之旅"等一批特色旅游产品。福建旅游十大品牌中，龙岩占 2 个，即"神秘的客家土楼"和"光辉的古田会议"。以永定客家土楼为代表的"客家之旅"，以冠豸山、九鹏溪、梅花山、梁野山为代表的"绿色之旅"，以及古田会议会址为代表的"红色之旅"是享誉海内外的著名旅游精品。共有生态示范区 7 个，自然保护区 3 个，其中国家级自然保护区 2 个，自然保护区面积 4.19 万公顷，是福建三大林区之一，森林覆盖率达到 74%，居全福建省首位。

2. 主要做法及启示

（1）借力文化旅游资源优势，着力打造红色旅游品牌。闽西文化旅游资源丰富，主要体现在区位优势明显，红色文化品牌优势凸出，文化旅游品种凸显。龙岩市是闽粤籍三省的交通要冲和物资集散地，是沿海与内地的过渡带和经济走廊，是海峡西岸经济区西南翼交通枢纽，是海峡西岸延伸两翼、对接长三角和珠三角的重要通道。闽西红色文化资源具有两大优势品牌，即古田会址和"红色小上海"（长汀）。闽西"三色"（红色旅游、绿色旅游、土色旅游）文化旅游资源品位高、规模大、保存好，其旅游市场已经形成一定的规模。福建旅游八大品牌中，龙岩就占 2 个（以土楼为代表的客家文化旅游品牌和以古田会议会址为代表的红色旅游品牌）。龙岩市政府紧紧抓住区位优势、红色文化品牌优势和"三色旅游"优势，红色旅游取得显著的发展。

（2）加强"闽西效应"冲击波，打造红色影视基地。闽西尤其是龙岩，有 7

个苏区县，是红色革命的摇篮，有着丰富的革命生活，蕴含着丰厚的革命文化资源。2009 年是龙岩红色文化资源被影视界挖掘较多的一年，龙岩市参与拍摄了电视连续剧《红色摇篮》《邓子恢》、历史文献纪录片《古田会议》、高清数字电影《古田 1929》、电视专题片《土楼探秘》等一批影视片。其中《红色摇篮》《古田会议》《土楼探秘》分别在中央电视台一、十套黄金时段播出。电视连续剧形成的“闽西效应”冲击波还在人们心中荡漾时，2009 年时任中共中央总书记胡锦涛的到来更让“闽西效应”放大到极致。在打造红色影视基地时，需要抓住机遇，合理利用国家对红色文化的支持政策，“闽西”正是抓住这一时机，产生并加强“闽西效应”冲击波，着力打造红色影视基地。

（3）发展地域特色文化，走红色旅游合作共赢之路。闽西是福建西部山区，地域上较为封闭，但是闽西坚持“走出去”战略，按照闽文化多元结构和地域分布特点，与闽南文化、客家文化、红土地文化、船政文化、妈祖文化、朱子文化和畲族文化等地方特色文化融合，寻求与湘赣合作开发红色旅游路线。《2006—2010 年福建省红色旅游发展规划纲要》指出要与湘赣共同开发一个重点红色旅游区，即湘赣闽红色旅游区，有两条红色旅游精品线路：一条是赣州—瑞金—于都—会昌—长汀—上杭—古田线，另一条是黄山—婺源—上饶—弋阳—武夷山线。这种合作共赢的红色旅游发展思想取得了良好的成效，大力促进了农村文化旅游业的发展。

第二节　风情体验业

早在 20 世纪 70 年代，美国著名未来学家阿尔文 · 托夫勒就曾预言：来自消费者的压力和希望经济继续上升的人的压力将推动技术社会朝着未来体验生产的方向发展；服务业最终会超过制造业，体验生产又会超过服务业；某些行业的革命会扩展，使得它们的独家产品不是粗制滥造的商品，甚至也不是一般性的服务，而是预先安排好了的“体验”。“文化创意 +”农业融合发展作为一种新兴产业经济形式，必然要关注消费者的体验感，而带给消费者体验感的方式是以文化创意与农村风情相结合，打造农村特有的风情体验产品和服务项目。

一、“文化创意 +”民俗风情融合发展

（一）“文化创意 +”民俗文化的发展关系

民俗文化是一定地域内的居民在长期生活生产过程中，由当地独有的生存经历、文化背景、精神思想所产生的生活习俗与行为价值指向。民俗文化是一个区域宝贵的无形资产，给本土文化增添了乡情，赋予丰富的情感寄托。挖掘民俗文化资源来激发文化创意产业已成为文化体验与展现的重要手段，在文化价值的传承与发扬方面起着共生发展的作用。

民俗文化需要通过一定的载体来传承和落地，利用文化创意产业丰富的业态为载体，将文化习俗进行融合、转化、再生，从而实现无形资产价值的发挥和有效推广。人文历史故事、民俗传说作为一种精神产物，在文化创意产业项目的开发中，通过现代化行销和商品化运作，能更好地维系民俗文化与现代生活之间的联结。“文化创意 +”民俗文化融合发展，就是以农村风土人情、民俗文化为旅游

吸引物，充分突出农耕文化、乡土文化和民俗文化特色，开发农耕展示、民间技艺、时令民俗、节庆活动、民间歌舞等文化旅游产品和服务项目，增加农村民俗文化内涵，并获取经济收益和社会效益。

（二）“文化创意 +”民俗风情融合发展的业态

1. 森林体验

美国可以说是利用森林开发旅游体验项目的鼻祖，1872 年的黄石公园算是前身，第二次世界大战后，依托森林来发展旅游的形式逐渐兴起，到 1960 年，森林旅游的现实价值获得了各界人士的承认，并一跃成了森林资源开发的主要部分之一。近年来，我国一些森林资源丰富的地方运用文化创意，依托林业资源，创建“树上穿越游憩公园”“树顶木屋、树中穿越、林下游憩”的三维空间开发理念，即依托树冠可以开发树顶温泉 SPA、树顶度假木屋、树顶休闲书吧、树顶瑜伽健身台、树顶观光餐厅等项目，将观光与休闲度假项目进行整合发展；或者依托树干通过空中吊桥、藤索、栈道和各种拓展运动结合，打造适合儿童、团队的拓展训练项目；树下则利用陆地空间打造度假帐篷营地、森林氧吧、林下采摘等项目，重点通过游乐、运动、度假、养生、林下经济等实现产业收益。

2. 果园采摘

近年来，乡村果园采摘成为很多城市人节假日的休闲选择。农村的果园采摘项目一方面要做好瓜果采摘观光等传统的旅游发展模式，丰富瓜果种植品种，提升瓜果种植技术，引入现代科技大棚，实现一年四季、不同地带的瓜果采摘游乐；另一方面要以瓜果为元素进行创意化设计，形成以瓜果、果树、花朵及其吉祥寓意为原型的各种创意性景观、休闲空间、动漫体验项目，如可以打造苹果创意小镇，在苹果采摘园中，有苹果小屋、苹果城堡、苹果乐园、苹果垃圾桶、苹果路灯、苹果休闲座椅等，甚至其中服务人员的穿着打扮以及游客在用餐的进程中所使用的餐具、座椅、房间的包装都能够以苹果形进行打造，将苹果的元素运用到极致。果园采摘项目的关键是将一个地方最突出的瓜果进行极致化的创意打造，让游客实现全感官的游憩体验，进而成为地方特色瓜果的展示窗口，推动瓜果产业的进一步优化发展。

3. 城市近郊游

城市居民到城乡结合部或城市周边乡村旅游的主要目的是体验当地的民俗风

情，文化创意与民俗风情的结合，需要让居民望得见山、看得见水、记得住乡愁。在城市近郊旅游项目开发过程中，要深入挖掘农业产业特色、地域文化特色、传统技艺特色和人民生活习俗特色，在村庄道路景观的美化设计上以地域的特色果树、蔬菜和花卉作为景观绿化植被，并形成生态景观廊道供居民日常话家常；在居民庭院绿化美化的同时要结合庭院经济进行打造，形成葡萄小院、丝瓜小院、盆景小院、农耕小院等特色化的主题院落；在村庄景观打造上，可以将五谷杂粮的果实作为重要的景观设计来源，各种棒子、大蒜、辣椒、柿子、大枣等农作物串成的辫子是重要的景观设计元素；在文化生活设计上要挖掘整理地域的传统戏曲、舞蹈、民俗技艺等进行传统发展，依靠特色餐饮、民俗体验、民宿接待等实现收益。

二、重点案例

（一）安塞

安塞县地处山西省北部、延安市正北，辖 7 个镇、5 个乡，总土地面积 2950 平方千米，总人口 16.44 万。安塞历史悠久，自古就是边塞之地，有"上郡咽喉"之称，文化遗存富有特色而颇具典型。

1. 特色风情的提炼

由于安塞一直处于中原农耕文化与西部游牧文化的交叉融合地带，在长期的历史变迁中逐渐形成了既有汉民族特点又有西域其他少数民族特点的安塞文化特色。至今，境内仍留有鲜明的古文化遗存，是我国西北地区黄土高原文化保存最好、民间艺术最集中、最具代表性的区域之一。其中，安塞腰鼓、民间剪纸、农民画分别被誉为"天下第一鼓""地上活化石""东方毕加索"。民歌也闻名于世，安塞素有"信天游的故乡"之称。

近年来，安塞县党委政府按照"挖掘古老文化、发展现代文化、开发特色文化、形成产业文化"的思路，着力加大对安塞农村特色文化旅游资源的开发，以农村风土人情、民俗文化为旅游吸引物，充分突出农耕文化、乡土文化和民俗文化特色，开发农耕展示、民间技艺、时令民俗、节庆活动、民间歌舞等旅游活动，增加乡村旅游的文化内涵，走出了一条独具特色的文化民俗旅游发展之路，初步建立起了具有地域特色的文化体系，形成了独特的"安塞文化"品牌。安塞先后被中华人民共和国文化和旅游部授予“民间绘画之乡”“剪纸之乡”“腰鼓之乡”的荣誉称号，被陕西省文化和旅游厅命名为“民歌之乡”，是陕西省最有代表性的陕北黄土风情体验旅游景点之一。

2. 主要做法及启示

（1）政府引导与政策扶持。安塞政府推动当地发展的主要思路，一是大力加强思想引导，树立农村文化创意产业发展共识，调动一切积极因素，动员全社会力量支持和参与文化产业建设，努力在全县上下形成党政重视、部门实施、群众参与的良好氛围，为做大做强文化创意产业奠定了坚实的思想基础；二是加强政策扶持，根据发展实际需要，安塞县委、县政府先后制定出台了《关于加强文化建设做大做强文化产业的决定》和文化产业五年总体发展规划，明确要大力发展文化事业和文化产业，并相继出台多项优惠政策，通过政策倾斜鼓励一些企业和个人积极投资开发文化旅游产业，形成了黄十风情度假山庄、标志性建筑“腰鼓楼”、县城文化宣传长廊等集民间文化艺术展示、休闲度假、观光旅游为一体的黄土风情文化旅游点；三是加大政府资金先期投入力度，带动社会资金和民间资本多渠道投入。近年来，安塞县连续投入大量资金用于文化、教育、卫生、计划生育、科技、体育的基础建设，为文化事业、文化产业的繁荣发展提供了坚实的硬件体系和良好的发展软环境。由政府牵头先后拍摄了《兰花花》《三十里铺》两部音乐电视片，举办了安塞腰鼓大赛、陕北剪纸大赛、现代民间绘画大赛、陕北民歌大赛、黄土画派写生等规模大、档次高、影响远的文化活动，树立宣传安塞文化名牌，为扩大安塞的知名度搭建了平台。

（2）依托资源优势打造文化品牌。文化创意产业发展关键在于打造品牌，没有品牌就没有市场，没有市场就得不到效益。安塞文化独具特色，既有汉民族文化的特点，又有漠北草原文化的特点，是古老黄土文化最集中、最具有代表性的区域之一。安塞县抓住延安市“两黄两圣”旅游业开发的契机，依托以黄土风情为主的民间文化艺术，突出特色，精心打造了“一大品牌”——安塞腰鼓、一张“王牌”——陕北名歌、“两个名牌”——剪纸与农民画，并以这些品牌为主导，不断推进民间文化艺术形式和内涵的创新，使之逐步成为展示传统文化与体现时代精神相结合的艺术精品。有“东方第一鼓”美称的安塞腰鼓被西方艺术家称为“东方黄土地上最美妙的迪斯科”；安塞剪纸被称为“地上文物”“活化石”，被誉为“群芳之母、民族之魂”；安塞农民画被誉为“东方毕加索”。

（3）多种形式推动文化创意产业发展。安塞改善了过去举办文化节会全由政府买单、经济效益差的弊端，节会宣传由政府独办转向了市场化运作，公司化经营，实现了社会效益、经济效益的双丰收。目前参与该县文化传播的产业演出公司就有 10 多家。通过举办文化节会，双方互惠互利，形成了双赢局面。例如，安塞腰鼓演出传播有限责任公司在承办春节、元宵节等节庆演出，酒店、宾馆等企业开业演出以及各类庆典演出、竣工演出等大型腰鼓演出活动的同时，不仅传承传播宣传了安塞腰鼓，使得安塞腰鼓走出了小小的安塞县，为全国甚至全世界的人了解和欣赏，而且带来了可观的经济收入，安塞人民在备感自豪的同时也大幅提升了个人和家庭收入。

（4）不断创新文化产品。大力开发旅游产品、激活文化消费市场，是安塞发展文化创意产业的另一项重要举措。坚持"黄土地"文化特色，瞄准革命圣地延安"红色旅游"，充分利用腰鼓、剪纸、农民画、民歌等艺术品牌，将文化与旅游紧密结合，大力开发文化旅游产品，开辟民俗文化和生态旅游热线，积极开发民间艺术、工艺、餐饮、娱乐等面向旅游的相关产品，抢占延安旅游市场的"桥头堡"。安塞先后开发出剪纸、腰鼓、农民画三个系列 30 多种文化旅游产品，深受全国乃至世界游客青睐。

（二）展茅

展茅镇位于浙江舟山本岛的东北端，与世界著名渔港沈家门相距仅 8 千米，与四大佛教名山普陀山隔海相望。境内陆域面积为 33.45 平方千米，下辖 16 个行政村，4 个社区，总人口 2.35 万。

1. 渔家风情体验区的形成

展茅素有"鱿鱼干之乡"和"建筑之乡"的美誉，境内有全国最大的鱿鱼加工市场——"展茅鱿鱼市场"，年加工新鲜鱿鱼 2 万多吨，年销售收入近 2 亿元人民币。每当鱿鱼加工旺季，商贾云集，鱿鱼香飘全镇。以浙江恒大建筑有限公司为龙头的建筑业，不断扩大行业优势，壮大实力，年创产值 3 亿元人民币。展茅镇的"五匠"文化历史悠久。"五匠"是指泥匠、木匠、漆匠、船匠、铁匠。据考证，清朝时期，展茅境内以"五匠"为主体的手工从业者就数以百计，民国时逐年增多。目前，街道从事"五匠"工作的有 5000 余人，占当地总劳动力的近 1/4。作为渔村劳动力的重要组成部分，"五匠"在长期的生活生产中形成了艰苦创业、敢于创新的精神，他们不仅凭着聪明才智、精湛的手艺和吃苦耐劳的精神走上了致富的道路，也为社会主义新农村建设做出了积极的贡献。同时，全镇以“五匠”文化为主线，依托秀丽的自然风光，加大规划和政府投入，通过保护传承和发展民族民俗文化、生态文化，提升以“渔家乐”为主的风情体验产业的层次，促进传统文化和农村经济社会的协调发展，也形成了颇具特色的农家风情体验消费集聚区。

2. 主要做法及启示

（1）积极传承和弘扬“五匠文化”。2008 年 11 月 27 日，展茅镇成功承办了“舟山市首届渔农村实用人才（五匠）大比武活动”，越来越多的“五匠”人员参与到了技能比赛的行列。街道以“技能比武”为媒，“以赛促训、以赛出才”，在技能比武中为“五匠”人才搭建交流、切磋的平台，提供展示技能的机会，完善了渔村实用人才培训体系。展茅在比赛中设置了木匠做圆凳、双人锯木、搭脚手架、花岗岩雕花、砌围墙、石灰漆墙等项目，这些均是“五匠”人才各专业常用、基础和关键的项目。这些项目对测试参赛人员的基本功、临场反应、心理素质等都有比较科学的考查，可以客观地体现出“五匠”人才的综合素质。“五匠”合理规范的行业管理，别出心裁的文化创造都展示了出来。由此，展茅的“五匠之乡”美誉度日益提高。

（2）依托“五匠文化”发展农村文化创意产业。2008 年 7 月，在各级党委和政府的关心和支持下，五匠文化馆顺利开建并于 2009 年年初竣工。五匠文化馆开馆后成了传播弘扬五匠精神文化的重要平台。展茅五匠馆坐落在干施岙村，总投资 200 万元人民币，占地面积 1200 平方米，展馆共分为“序厅”“船匠厅”“木匠厅”“泥瓦匠厅”“竹匠厅”“石匠厅”“拜师堂”7 个展区，展出藏品近千件。展厅内通过沙盘或地形村落分布图，标明了各村不同的重点工匠，陈列生产工具和成品，并以蜡像的方法立体展现各种工匠不同的生产态势，栩栩如生的人物造型再现了工匠们真实的工作情况。展茅政府以“五匠”吃苦耐劳、勤劳致富的精神为典范，结合当地生态旅游业的发展，积极打造舟山青少年创业创新教育基地，发展农村文化创意产业，促进了当地生态旅游业的发展和农产品的销售，带动了干施岙村经济社会的发展，农民收入得到普遍提高。

（3）促进农村旅游业的发展和农民收入的提高。展茅文化创意产业的发展，一方面让传统文化融入了农村文化创意产业，通过组织开展海岛民俗文化村相关表演和竞赛活动，丰富了群众和游客的精神文化生活，同时，进一步开发土特名优工艺品，丰富渔农家乐内涵，提高农村文化创意产业吸引力，实现群众创业增收；另一方面通过开展乡土人才评定，帮扶引导乡土人才创业创新，使乡土人才在繁荣渔村经济、提升渔农素质中发挥着越来越强的引领作用。

第三节　特色工艺业

农村是一个民族、国家社会文化资源与自然资源最大的承载体系，拥有丰富的民族民间文化生态，农村手工艺就是最具中国特色的文化组成部分。从衣食住行到婚丧嫁娶，从耕种劳作到民俗节庆，中国农村拥有着独特的文化体系。民间手工艺便是其中离人们的生活最近、传统色彩保存较好的一部分。在广大农村，手工艺作为主要的家庭副业得到继承和发展。

一、“文化创意 +”手工艺融合发展

传统手工艺是民族文化瑰宝，是现代艺术设计的源泉。一些传统手工艺逐渐消亡，另一些传统手工艺求新求变，在文化创意产业的带动下重获新生，衍生、移植、包装、抽取审美元素的传统手工艺成为文化创意先锋，传统手工艺正走在文化创意发展的道路上。

（一）跨行业资源整合

文化传承与市场需求不对接、生产能力弱等问题，是制约手工艺发展的根本原因。解决这一症结的有效方式是“跨行业资源整合”，即实现原有资源的重新梳理与盘活，传统与现代的整合、设计师与工匠的整合、城市与乡村的整合、低技术与高技术的整合，进而形成一种新的生活方式和产业经济。以地方特色文化为基础，整合传统手工艺、先进技术、观念意识，积极发掘地方文化与手工艺特色，保持地方文化的独立性、原始性，最后再融合创新性与科技性，完善文化创意产业发展思路，力求传统与创新兼容并蓄。通过发展文化创意产业，开发地方性、

传统性、创意性、手工性文化资源，并将其与地方产业进行生态性的有机整合。

（二）以传统技术和艺术为核心的衍生品开发设计

近年来，一些传统文化资源为文化创意衍生品提供了创意灵感和设计语言，包括服饰类、现代家居软装类、日常生活用品类等，这些具有传统文化符号和审美的衍生品出现在当地知名景点，在带动旅游经济发展的同时，也保护和传承了传统手工艺。这种发展策略使传统文化传承与文化创意成为地方产业发展的共生环节，文化创意产业发展拉近了民众与文化的距离，提升了人们的生活品质，通过文化、创意、产业的结合，拓展了民众参与文化的深度，产生了良好的社会效益。

（三）加速优秀创意的孵化

文化创意不能仅仅停留在创意阶段，需要转化为能够有效满足消费需求的产品。优秀的创意可以让创业投资买单，资本让梦想插上腾飞的翅膀，让文化创客实现创业梦想。传统手工艺具有机械化产品无法取代的独特品性，不仅可以满足自身生存、发展的需要，也会对旅游产业和其他文化产业的发展起到积极的推动作用。例如，可以通过创意设计和营造，利用农业观光园、农业科技生态园、农业产品展览馆、农业博览园或博物馆等载体，为游客提供了解农业历史、学习农业技术、增长农业知识的文化旅游活动，让文化创意在实体空间中呈现，并发挥更大的作用。

（四）培养传统手工艺人的创新能力

传统手工艺人大都具备丰富的工艺知识，在手工艺制作过程中发挥着不可替代的作用。但是，由于各种原因，一些传统手工艺人的学历水平不高，对新信息的接收和理解存在一定困难，这是部分手工艺产品与现代消费市场需求脱节的原因之一，也是我国很多非物质文化遗产项目依靠自身能力难以传承和活化的主要症结所在。因此，文化创意产业需要将传统手工艺人纳入创意体系，在现代产品设计中，要让传统手工艺术形式历久弥新，守正创新，而通过创意培训和社会环境的营造，提高传统手工艺人的创新能力和市场意识，是当务之急。

二、重点案例

（一）杨家埠

杨家埠村位于山东半岛北部，属于世界风筝都潍坊市的寒亭区，辖地 18.2 平方千米，全村 320 户，人口 1142 人。手工风筝扎制和木版年画绘制是杨家埠村民的祖传手艺。经过民间艺人几百年世代相传的精心栽培，风筝艺术与年画绘制互相渗透，相互映衬，在杨家埠成长壮大，成为名誉海外的“姊妹艺术”。

1. 手艺风筝与木版年画之乡

杨家埠木版年画的技法成熟流畅，绘制工艺炉火纯青，艺术风格缜密质朴。它兴起于明朝，繁荣于清朝，迄今已有 500 余年历史。清朝乾隆后期，杨家埠一度出现过“画店百家，年画千种，画版数万”的盛景。杨家埠风筝源远流长，特别是明末清初以来，民间艺人把制作年画的工艺与风筝的绘画巧妙地结合在一起，逐渐形成了自己独特的艺术风格和特点，“挂在墙上是年画，放到天上是风筝”，是对它生动的描述。它以“造型合理、对比强烈、色彩艳丽、概括简练、放飞平稳且富有浓郁的民间乡土气息而自成一家”，为我国风筝四大流派之一，与京、津、南通风筝齐名。

改革开放以来，尤其是我国文化产业进入快速发展期，寒亭区以传统的杨家埠风筝扎制艺术和木版年画为依托，全力打造以传统风筝和木版年画为特色的文化产业品牌，带动了全区其他相关文化产业的发展，刺激了寒亭全区的经济增长。如今的杨家埠，年画、风筝工艺产业在继承传统文化资源的基础上不断发展，成为当地村民致富的主要方式。这个 320 户人家的小村，从事年画生产的家庭画店已有 200 多家，有 700 多人长年在画案前忙碌，许多人成了技艺超群的年画大师。他们有的去北京举办画展，有的被邀请去国外进行表演，还有的站到了艺术院校的讲台上。另外，在杨家埠风筝品牌的带动下，杨家埠周边村庄的农户也加入了风筝生产经营的队伍，扩大了杨家埠风筝工艺产业规模。杨家埠风筝与木版年画已经成为盛开于我国民间艺术花园里的两朵绚丽奇葩，杨家埠已成为中国手艺风筝品牌的代名词，成为全国三大木版年画产地（其他两处为天津杨柳青、苏州桃花坞）中发展最好的一处。

明清时期有名的年画、风筝产地，今天已成为全国三大木版年画产地中发展最好的一处。更为重要的是，杨家埠手工艺产业从与旅游产业联姻中找到新的发展新契机，至今已成为国家4A级旅游景区。这个蜚声中外的特色民俗文化旅游村，用一个个精彩的发展瞬间实现了令人瞩目的华丽变身，同时，也见证和诠释了农村文化创意产业成功发展的历史进程。

2. 主要做法及启示

（1）民间文化与旅游开发高度融合。20世纪80年代，以木版年画和风筝扎制为主要技艺的杨家埠传统民间文化走到了一个需要抉择的发展"十字路口"。随着社会的发展以及人们文化思想的变迁，就农村居民而言，张贴年画的越来越少，而城市人群除了以风筝放飞作为健身娱乐活动外，对年画的消费需求基本处于一个真空状态，木版年画和风筝面临一个市场销售的狭隘"瓶颈"。这种现状，引起寒亭区委、区政府的高度重视。经过调查分析，他们决定另辟蹊径，即以旅游开发为依托发展年画和风筝。区里将古代潍坊特色民间建筑艺术与自然景色融合在一起，重建了明清古建筑一条街，规划建设了占地500亩的杨家埠民间艺术大观园，把木版年画和风筝扎制的制作流程搬进大观园。同时，积极引导老艺人重开年画、风筝作坊，形成具有潍坊特色的文化旅游相关产品产业。区里还积极运作，把"杨家埠"设为山东"千里民俗旅游线"上的一个重要景点。如今，每年到此旅游的国内外游客达到六七十万人。寒亭区委、区政府让旅游搭桥穿线，找到文化产业发展的突破口，使"待字闺中"的优秀民俗文化借助旅游这辆列车走上了发展的快车道，实现了文化与经济的"双赢"。

（2）加强民间艺术保护。为促进产业健康持续发展，寒亭区委、区政府对年画、风筝的研究创作、人才培养、产业协会的注册以及营销业户的规范等各个环节进行了局部的优化提升和全局的搭配组合，制定了一个以政府投入为主、以市场需求为导向的年画、风筝发展优化策略，为民俗文化的发展开辟了更加广阔的道路。为保护杨家埠民间艺术，区委、区政府加强了对民间艺人和艺术作品的商标注册和版权维护工作，从2003年起，杨家埠艺人已经注册的堂号即商标有"同顺德""同顺堂""和兴永"等50多个，30余幅年画作品获得了新闻出版部门的版权证书。从1979年杨家埠木版年画研究所的成立到2001年开始的中国木版年画抢救工程启动，寒亭区对风筝和年画艺术进行了不间断、有重点、有目标、全面系统的抢救保护、挖掘创新和开发利用，先后出版了《明清杨家埠年画孤本》《明清杨家埠年画续集》等，为风筝、年画的发展打下了坚实的基础。

（3）不断开拓发展新思路。为做大做强文化产业，使杨家埠特色文化产业向更高层次发展，寒亭区委、区政府多次召开专题研讨会，邀请国内知名民俗文化专家对寒亭文化产业发展规划思路，特别是杨家埠特色文化产业发展方向给予科学的谋划和指导，基本确定了杨家埠的发展规划定位为：“恢复历史原貌，再现昔日辉煌，荟萃民间艺术，弘扬民俗文化，开发特色旅游，促进经济发展。”为实现构建“大杨家埠”的发展格局这一规划，寒亭区委、区政府确立了构建创意旅游“四维链”的基本思路，即拓展空间链，完善功能，做强做大景区；丰富产品链，增添民俗文化动感元素，深化产品文化内涵；延伸产业链，推进旅游产业与基础产业、创意产业和技术研发产业及相关产业的有机结合，使资源多级升值，提高了整体效益；锻造“价值链”，打造“中国民间年画第一村”“齐鲁民俗文化第一游”“最具华夏神韵的民间艺术休闲博览园”。围绕这一思想，寒亭区对杨家埠旅游开发区管理职能进行了“扩面增容”，将毗邻杨家埠村的五个村全部纳入到杨家埠整体开发规划中。在此基础上，区里又按照杨家埠民俗旅游项目的性质、规模、发展要求，为其制订了从 2008 年到 2017 年的长远项目规划，重点加快了民间艺术大观园改造扩建工程等五个大项目的开发建设，为把杨家埠打造成国内唯一、世界有名的生态、民俗、人文旅游胜地打下了坚实的基础。

（二）惠安

惠安是福建省泉州市下辖的一个县，下辖 15 个镇、1 个民族乡（百崎回族乡），是闽南著名的侨乡和台湾汉族同胞的主要祖籍地之一，以惠安女及其独特民俗和石雕而闻名，素有“雕艺之乡”“建筑之乡”的美誉。

1. 石雕产品集散地

惠安石雕是一种民间工艺，特色经济凸显，已形成一定的产业规模。目前，全县有石雕企业近 1000 家，从业人员近 10 万人。全县规模以上石雕企业产值 159. 1 亿元人民币，占全县 GDP 的 21.8%。惠安石雕无论是产值总量、生产规模，还是品种、工艺，在全国同行业中都名列前茅，已成为具有较强加工能力、工艺精湛、技术过硬、品种齐全的石雕产品集散地。

古老的中华传统文化孕育了具有深厚文化内涵的中国传统手工技艺，形成了全国各个地区独特的地域风格和优良的工艺传统，体现了勤劳善良的中国人民的聪明才智，展现了他们的生活理想与精神追求。把手工艺产业发展好，使手工艺文化与市场机制进行完美的融合，形成产业化的运作机制，接受乡土文化的启迪和洗礼，融入智慧，传承发展，并与创意经济、知识经济无缝对接，就可以形成农村现代化产业体系的原动力。民间手工艺产品的市场开发一定要坚持品牌战略，主动把握定价权，避免“贴牌加工”陷入被动局面。随着农民物质生活水平不断提高，民间手工艺产品不再是原本的实用意义，而是具有装饰品、礼品的功能，是高品质生活的重要象征。

2. 主要做法及启示

（1）推行“政府搭台、经贸唱戏”模式。惠安石雕发展初期，以寺院工程和大型神佛像为主营方向，随着规模不断扩大和互联网的崛起，惠安县政府把握机会，利用网络资源，为中外企业的交流合作创建了更多的机遇。另外，惠安的部分大型企业通过进行展会营销、制作产品画册、设立企业形象店等，借鉴其他行业的成功经验并创新营销方式，拓宽销售渠道和市场空间。

（2）创新石雕技艺融入现代色彩。民间手工艺品产品要由农村的手工艺人完成，他们通常是凭借自身的经验和创造力开发新产品，但受自身知识结构及生活环境的约束，产品创新易遵循老套路，多以实用为主，缺乏创意思维。为了适应市场需要，惠安石雕石材行业工会聘请高等学校的教授专家前来指导，有的企业与雕塑院校直接联系，成为雕塑院校的雕刻创作生产基地，将创意思维融入手工艺产品生产，冠以现代生活美学设计思想，手工艺产品不仅保持了原有农村的文化特色，还赋予产品新的时代意义，具有更强的生命力并占据更大的市场份额。

（3）增强产业集聚效应。惠安县政府通过规划和建设好产业聚集区，引进、培植石雕创意、加工和环保等综合资质高的龙头企业进入园区，形成了以石雕为龙头的产业集群。惠安非常注重产业配套建设，引进产品研发、检验检测、石雕物流、建筑安装等相关配套企业，集石制品加工、配套包装、磨具磨料、石材机械的生产供应等为一体，形成完整的石雕石材产业链，走出一条政府规划引导、产业集聚推动、龙头企业带动、产业链整合提升的发展路径，并辐射到商业、交通运输、饮食服务、建筑、旅游等第三产业，全面推动惠安县域经济繁荣发展。

（4）发挥手工艺行业协会效能。行业协会的主要作用是为同行业之间搭建了一个交流平台，并起到相互监督、互相协调的作用，很大程度上减少了恶性竞争事件发生。另外，可以借助协会统一行业规范，减少企业沟通成本，减少重复工作，提高行业分工效率。惠安与中国石材协会、国家石材标准委员会合作，研究编制了《石雕石刻制品》行业标准，并且在行业协会的主导下进行产业规划引导，形成推动转型升级的合力，同时加强银企合作，逐步建立了石雕产业融资与信用担保体系，满足了中小石雕企业的融资需求，为石雕产业转型升级插上金色的翅膀，把石雕产业纳入文化产业技术研发资金支持范围，并给予适当倾斜，促进产业良性发展。

第四节　民俗演艺业

民俗演艺业依托的是民间艺术表演方式形成的产业形式，即农村利用当地的民俗文化，自发组织演艺团队进行演艺产品开发，为当地居民和游客表演传统民俗节目，以此吸引游客，为地方旅游活动增色，民俗演艺也被称为“接地气”的表演。据不完全统计，我国民俗演艺目前有舞龙舞狮、古彩戏法、木偶戏、上刀山、口吐烈火、传统茶道、训白鼠（逗耗子）、猴子表演、西河大鼓、京韵大鼓、含灯大鼓、京剧、昆曲等近百个种类。

一、“文化创意 +”民俗演艺融合发展

民俗艺术作为重要的文化资源，对于农村文化创意产业发展具有重要作用。一方面，丰富多彩的民俗艺术构成并丰富了农村文化旅游观光的内容；另一方面，特色鲜明的民俗艺术品作为农村文化旅游产品的重要组成部分，能够吸引广大游客并满足消费需求。随着人们生活品位和欣赏水平的不断提升，依靠庸俗、低俗、恶俗取悦观众的节目越来越没有生存土壤。“文化创意 +”民俗演艺融合发展，就是不断寻求文化规律和文化消费需求的结合点，创新节目内容、提高演出水平，以赢得观众的欢迎和市场的认可。

（一）专业艺术指导

农村民间演艺团体大都没有受过专业训练，演职人员水平参差不齐，尤其是山水实景演出多以当地居民为主，编导、创作等专业艺术人才缺乏，很多演艺产品往往是“拿来主义”。随着人们欣赏水平的逐步提高和文化消费市场的逐渐成

熟，低质量和简单复制的演艺产品不仅无法得到市场认可，而且严重制约了产业的发展壮大。针对这种现状，农村民俗民间演艺需要专业艺术院团和专家的“帮”“辅”“带”，加强对民间职业艺术团体的指导与辅导。各地艺术团、专业剧团、文化馆等一批专业艺术人员，以及一批专业素养好、热心农村文化事业的乡镇文化干部，通过送文化下乡、文化进社区以及举办民间职业剧团大赛等活动，来带动和指导民间剧团的创作和表演。另外，通过多种方式和途径、采取多种措施培养人才、吸引人才、用好人才，让民俗演艺团队和从业者更加专、精、尖，这是民俗演艺产业发展的关键所在。此外，农村演艺产品还需要专业的运营管理团队，因此当前工作一方面要加大艺术人才培养力度；另一方面要大力培养和引进经营型人才。

（二）推动演艺相关业态融合

我国民俗文化资源丰富的农村大都自然风光秀丽、文化底蕴深厚，具有丰富的旅游资源。“文化创意 +”民俗演艺融合发展应加强民间文艺演出团体与旅游业的横向联合，由政府牵头发展具有代表性的大型实景山水演出项目，这样既能为本地文化旅游业增光添彩，也给民间文艺演出团体带来新的演出项目，同时也可以为农村打造一个展现其文化积淀和人文风貌的重要平台。农村演艺产品要因地制宜，实景演出剧场通过改造，应与自然山水、演出内容融合为一体，营造出天人合一的境界；实景演出及剧场演出在灯光舞美方面需运用现代声、光、电技术手段，灵活地展示出亦真亦幻的艺术情景，使观众物我两忘。农村演艺产品，必须有独树一帜的特色。这种特色，包括民族特色、地域特色、人文特色、品牌特色等，这些特色必须是难以被其他地方简单抄袭或复制的。此外，同一个地方的多台演艺节目，也要各具特色。这些各具特色的民俗演艺节目能够形成协同效应，创建农村文化品牌，推动农村文化和旅游发展。另外，针对本地演出市场小的特点，应鼓励一批民间文化演出团体向经营灵活、风格多变的方向发展，为小市场开发适销对路的演艺产品。

（三）融入公共文化服务

民间文艺演出团体应该是民间演出团体中最有专业素养、最具活力的队伍之一，他们是公共文化建设中不可或缺的力量。“文化创意 +”民俗演艺融合发展要处理好与民间文艺演出团体和公共文化服务事业单位之间的关系，通过公平、合法的方式联合民间文艺演出团体一起为服务公共文化建设贡献力量，如结合民间文艺演出团体的特点，由文化事业单位为他们进行低费、免费的文艺演出相关培训活动，或将文化单位的知名作品授权给民间文艺演出团体，并让他们表演，从而解决民间文艺演出团体缺少培训和作品的问题。另外，加强公共文化服务基础设施建设，如广场舞台、室内舞台、音乐厅的建设，在为民服务的同时也给民间文艺演出团体创造了更多的表演空间和发展平台。

二、重点案例

（一）南安蓉中村

南安蓉中村位于福建省泉州市梅山镇西端，是一个面积仅 1 平方千米的小村庄，有村民 640 户 2579 人，有耕地 550 多亩。随着农民物质生活水平的不断提高，以及城市居民对特色农村演艺文化的兴趣日益提高，农村演艺文化市场前景十分广阔。蓉中村立足自身资源，看准并把握住了市场机遇，走出了一条民俗演艺发展的道路。

1. 民俗演艺之乡

农村文化是原生态文化，是民族文化的根，是现代文化的基。蓉中村特别关注并注重保护农村的传统文化，对于文化事业发展的重视程度非常高，农民文化生活非常丰富。蓉中村的李成智图书馆，建筑面积 3048 平方米，是福建省 9 个国家一级公众图书馆之一，也是唯一建在农村的"国家一级图书馆"。蓉中村的李成智图书馆藏书 11 万余册，订有 200 多种杂志和 30 多种报纸，本村和附近村民 6000 多人办理了借阅证，年接待读者 17 万多人次，流动书刊 15 多万册次。除了图书馆，蓉中村村民业余可选择的文体活动很多，由此铸就了乡风文明，先进文化在村里起着潜移默化的作用。

此外，蓉中村还组建了威风锣鼓队、腰鼓队、广场舞队、少年书画组、管弦队、南音队等 7 个群众文化团队。2007 年，蓉中村在全省农村中率先举办了农民文化节，其中的节目都是村民自编自演，场面热闹非凡。此后蓉中村每年都办文化节，先是村民自娱自乐，后来邀请外村参与。办到第三届，竟引来了东方歌舞团，"蓉中村文化节"一跃成为全国品牌。2010 年 2 月，蓉中村被列为全国村级第一个“中央级文艺院团联系群众基地”。2011 年 1 月 6 日，蓉中村与中国东方演艺集团在北京人民大会堂签订共建新农村文化建设战略合作协议，成为全国第一个与中央级文艺院团共建合作的农村，被誉为“民俗演艺之乡”。

2. 主要做法及启示

（1）打好文化发展的经济基础。福建省南安市蓉中村坚持“经济先行、文化引领、科学发展、强村富民”的发展方式，用先进文化打造“发展之魂”，让广大农民“富口袋又富脑袋”。蓉中村全村 70% 的企业是由返乡村民创办的，村里 70% 的青年留村就业或创业，70% 的农民转为工人身份，蓉中村基本实现了由“农业村”向“工业村”的转变。2010 年，蓉中村工农业产值达 8. 5 亿元人民币，村财政收入 280 万元人民币，村民人均纯收入 1. 62 万元人民币。蓉中村每年年初组织村民召开年度经济大会，村党委、村委会制订本年度经济工作计划，其中积极引进企业就是计划的重要内容之一。农村工业化进程，一方面为文化创意产业发展提供了技术支持和经营管理经验，另一方面为农村文化创意产业，尤其是农村演艺业的发展提供了富足的经济基础。

（2）借助知名企业宣传本地农村特色演艺。福建省南安市蓉中村与中国东方演艺集团签署新农村文化建设战略合作协议，把蓉中村作为知名央企的文化建设联系基地，通过在演艺节目当中融入蓉中村的文化元素达到宣传效果。同时，又通过在中共中央主办的《求是》杂志中《小村庄的大风景》一文，报道了蓉中村的精神文明建设经验和做法，在福建省乃至全国掀起了学习蓉中村精神文明建设做法的高潮，而且还在每年一届的农村文化节中将该村的特色文化南音和高甲戏融入节目当中，这些具有农村特色的演艺文化知名度得到极大提升。蓉中村借助与知名企业合作的契机，又与周边地区进行合作，将泉州地区的农村特色演艺和惠安女民族特色融入自己的演艺产品中，同时引入更多的文化产业投资者，共同发展蓉中村文化产业，这一系列的举措为蓉中村的发展形成了多方合力的格局，显著提升了自身的发展能力。

（3）营造演艺文化发展良好氛围。福建南安市蓉中村坚持经济发展成果普及村民，为提高村民素质，已形成从幼儿园、小学、中学到电大相匹配的农村教育体系，并设立了教育基金会，开设演艺、剪纸培训班，为农村文化创意产业发展培养人才。在医疗卫生方面，送医药下村，让全体村民免费体检、治病咨询，保持农村文化创意产业发展主体——农民的身体健康，为发展农村特色演艺业提供人才保障。在精神娱乐方面，村里组织春节文体活动、重阳节老年出游等活动，旨在使村民身心健康、心情愉快，加强农村发展文化创意产业的幸福感。在村容村貌方面，美净农村，村委会采取村财投入和社会筹资相结合的办法，完成全村主干道水泥路面硬化工程，为发展农村文化演艺业提供干净、安全、交通便利的环境。

（4）探索"演艺企业"与"农村"文化合作新思路。当农村自身缺乏资源、技术、资金时，就需要寻找更多的合作伙伴，实行"引进来"和"走出去"的发展战略。福建省南安市蓉中村的成功正在于此，作为知名文化央企与社会主义新农村文化融合发展的典范，也是文化演艺业走出去战略的典范，中国东方演艺集团与福建省南安市蓉中村进行"精神文明共建文艺演出"，双方还共同组建了"中国东方演艺集团蓉中文化产业有限公司"，探索文化央企与社会主义新农村强强联合、高雅艺术与农村艺术紧密对接的新模式。

（二）桃花镇

桃花镇，又称桃花岛，地处浙江省舟山群岛东南部，普陀诸岛屿中心，与"海天佛国"普陀山、"沙雕故乡"朱家尖隔港相望，西与宁波市隔海相距 12 千米，南临桃花港国际深水航道，东濒著名的东海渔场，地理位置优越，海上交通便利。桃花岛面积为 40.97 平方千米，另有悬鹁鸪岛 0.77 平方千米，其中风景名胜区的面积为 31 平方千米，为舟山群岛第七大岛，以基岩丘陵地形为主，群山相连，峰高峦密，岛中南部安期峰为舟山群岛第一高峰，海拔为 539.7 米；西北面纵深 2 ~ 3 千米、宽百米的港湾平原，岛北为海积平原。桃花岛以岛建镇，全镇总人口 2 万余人。

1. 影视拍摄基地

桃花岛古称"白云山"，秦时安期生抗旨南逃至桃花岛隐居，修道炼丹，一日醉墨洒于山石，成桃花纹，斑斑点点，故石称"桃花石"，山称"桃花山"，岛称"桃花岛"。桃花岛从宋至明洪武十九年属昌国县安期乡，清康熙初年建安期乡桃花庄，光绪年间为定海安期乡，民国时改称桃花乡，后几经建区并乡，撤区并乡，直至今日的桃花镇。金庸先生的名著《射雕英雄传》《神雕侠侣》中"东邪"黄药师的居住地、黄蓉的出生地，就在桃花岛。

如世外桃源般的桃花岛与金庸武侠小说《射雕英雄传》中的桃花岛正好吻合，

桃花岛上兴建了“金庸武侠文化村”，金庸先生为其题词“碧海金沙桃花岛”。著名导演谢晋拍摄电影《鸦片战争》时，在桃花岛上搭建了外景地“定海古城”，成为新的旅游景点。之后，内地版《射雕英雄传》《天龙八部》《倚天屠龙记》《神雕侠侣》《鹿鼎记》、新版《西游记》相继在桃花岛拍摄。2007 年 8 月 9 日，桃花岛顺利通过国家旅游局景区考评组的验收，成为舟山市继普陀山后又一个国家级 4A 景区。同时，桃花岛还荣获“浙江省首个海岛影视拍摄基地”“浙江省最值得去的五十家景区”“浙江省休闲渔业基地”“浙江省农家乐旅游示范村”“中国最具浪漫气息的影视基地”“省十大最具吸引力旅游景区”“生态旅游示范区”“浙江省旅游强镇”等荣誉称号。

2. 主要做法及启示

（1）政府启动文化产业项目建设。桃花岛旅游文化产业的发展，可以说是经过了一个长期的积累和摸索的过程，发展也较为艰难。1993 年 10 月，浙江省政府批复桃花岛为省级风景名胜区，但是旅游的开发建设必须有大量的资金注入来改变旅游基础设施和旅游景区景点的面貌，当时的桃花镇政府可以说是连“开门”的钱也没有，更没有资金来搞景区开发。1994 年 7 月，桃花镇政府决定成立桃花岛旅游开发有限公司，为桃花岛开发、接待、服务综合机构，并开展项目的引进和旅游融资。1996 年，旅游公司成功开发“定海古城”景点，吸引了一大批游客，并随着《鸦片战争》的拍摄，该景点成为桃花岛上重点的旅游景区；1997 年，又成功开发塔湾金沙景区，当年该景区就吸引游客 1 万多人，塔湾金沙景区成为人们夏日里度假避暑的好地方；1999 年，旅游公司又对石水岗景区（现为桃花峪景区）进行开发建设。经过多年的发展，桃花岛现已成为乡村特色文化和旅游融合发展的典范。

（2）积极吸引民间资本参与农村发展。随着全国旅游业的快速发展，桃花岛也感受到旅游开发带来的好处，不仅加快了社会基础设施的建设，还增加了就业岗位和百姓的收入。旅游业可谓是“无烟产业”“朝阳产业”，群众也看到了旅游发展带来的就业机会和赚钱机会，特别是塔湾金沙一带的群众，看到越来越多的外地人、外国人的涌入，纷纷把自己的房子改造成家庭宾馆，给游客提供住宿、就餐服务，到 2000 年前后，桃花岛每年每户纯收入已达三四十万元人民币，真正尝到了桃花岛旅游开发的甜头。桃花岛旅游开发的不断深入，名气不断增大，游客越来越多，使很多企业和商家纷纷想吃这块“香饽饽”，同时政府和公司也想冲破观念上和体制上的一些束缚，积极盘活岛内现有的旅游资源存量，广泛利用外资，推动岛上旅游业发展，并从开发和经营中脱身出来，寻找更大的发展空间。宁波南苑集团成为第一个上桃花岛"吃螃蟹"的外地企业。2001 年 2 月，宁波南苑集团同桃花岛旅游公司合作，成立南苑桃花岛旅游开发有限公司，合作建设开发桃花寨景区，这样合作的方式在当时引起了很大反应，但随着合作的深入，在旅游资源所有权不变的情况下，民营企业的开发经营为景区带来了极大的活力并产生了巨大的效益。2001 年 4 月，浙江宁波华东物资城市场建设开发有限公司与桃花镇政府签署合作协议，独资开发桃花岛大佛岩景区，并在 85 天的时间里建起了一座闻名全国的"射雕英雄传旅游城"，创造了惊人的"桃花岛速度"，为当年《射雕英雄传》电视剧的拍摄打下了坚实的基础。随后的几年里，随着桃花岛旅游发展速度的不断加快，大量游客的涌入，越来越多的企业看到了到桃花岛发展旅游产业所带来的利益，浙江宏联房地产公司、浙江通策集团有限公司、浙江海天集团等公司纷纷落户桃花岛，共同参与桃花岛的旅游开发建设。经过几年的发展，目前桃花岛旅游已初步形成了两大旅游品牌和四大旅游景区的格局，即武侠文化旅游品牌和爱情文化旅游品牌，塔湾金沙、射雕旅游城、桃花峪、安期峰四大旅游精品景区，还包括 60 余处的旅游景点，深受广大游客的喜爱。

（3）进一步提升旅游文化品位。为了提高塔湾渔民家庭宾馆（渔家乐）档次，桃花岛风景旅游管委会采取了三条措施，积极鼓励并大力引导渔家乐投入塔湾武侠文化休闲一条街建设，一是专门请设计单位进行一户一设计，由管委会负责提供渔家乐外立面改造设计图纸；二是不断改善公共设施配套服务，加强渔家乐周边环境整治；三是鼓励经营者把金庸武侠文化等元素融入渔家乐的外立面装饰和客房、餐厅等内部设施的布局之中，使入住游客有一种身临其境的感觉。同时，桃花岛出台渔家乐外立面改造奖励政策，对第一户带头示范的渔家乐，实行外立面改造资金 40% 的奖励；对第二批实施改造的给予外立面改造资金 20% 的奖励；第三批给予 10% 的奖励。在该政策的引领下，第一户带头示范的"天龙山庄"从管委会领取了 13.5 万元的外立面改造奖励资金，该渔家乐完成改造并重新营业以来，入住游客明显增加，由此，更多的渔民家庭参与到改造中来，最终实现了桃花岛民宿业的整体品质提升。

（4）不断丰富农村文化创意产业发展资源。桃花岛下功夫对在普查中搜集到的 1000 多条非物质文化遗产进行考证、疏理、分类、归并和登记，使非物质文化遗产更好地为桃花岛的旅游业增光添彩。自非物质文化遗产普查工作开展以来，桃花镇政府专门成立了镇、社区（村、居）两级普查工作领导小组，形成普查网络，挑选热心文化工作、熟悉本地区人文环境的同志担任普查员，深入民间、农村进行全面、深入、细致的摸底调查，对非物质文化遗产进行全面科学的采录，同时对普查资料进行规范的分类、登记和整理。通过普查，从全镇 5 个渔村新社区、13 个村（居）中共搜集到非物质文化遗产 1031 条。经镇非物质文化遗产普查工作领导小组考证、疏理、分类、归并，涉及民间文学、生产商贸习俗等的非物质文化遗产共有 11 类 105 条，涵盖民间文学、生产商贸习俗、民间信仰、民间音乐、传统医药、民间舞蹈、民间美术、曲艺和人生礼仪等多种类型，小龙女传奇等民间传说、传奇故事占非物质文化遗产总数的 58.1%。这些资料的汇总，既让当地居民积极参与了文化创意产业发展的资源整理的基础工作，又形成了文化创意产业发展重要的资源库。

（5）着力解决农村发展中存在的困难和问题。桃花镇以“班子领导进村议政、机关干部联户交心”工作机制为抓手，主动走进矛盾，着力破解农村文化产业发展面临的难题。首先，桃花镇政府破解的是基础设施建设难题，通过广泛筹措资金，扎实推进实事项目建设，先后投资 250 万元人民币，启动公前至塔湾道路的亮化、绿化、彩化工程；投资 115 万元人民币，完成稻蓬水库除险加固工程；投资 380 万元人民币，实施茅山畈低产农田改造工程；投资 400 万元人民币，实施集镇区农贸市场扩建工程；投资 500 万元人民币，启动桃花安置新村二期工程建设。同时，加大招商力度，积极引进重点工程项目，引进舟山千帆游艇发展有限公司，启动磨盘游艇基地工程；引进宁波南苑置业有限公司，启动塔湾旅游综合开发项目，规划五星级度假酒店、海水温泉等；引进宏联房产公司，开发塔湾小山头海景房产建设项目；引进浙江通策集团，启动悬鹁鸪岛综合开发项目。此外，加快环岛公路建设和老街路面改造。对破损严重的公前街路面进行改造，并重新安装了下水管道、窨井、电信线路下埋等配套设施，使集镇区旧貌变新颜。其次，桃花镇政府积极破解群众民生难题，通过推出就业新项目，帮助塔湾村近洋作渔民申领休闲渔船证书，成立休闲渔业合作社，向游客推出休闲渔业体验服务项目，大力实施桃花品种园工程，建立塔湾海钓基地。同时，投资建造了碧海金沙桃花岛休闲公园，使群众休闲娱乐有了好去处。作为旅游景区，桃花镇必然面临和要破解旅游服务难题。在这方面，桃花镇政府注重生态环保，投资 15 万元人民币，实施栲树湾垃圾填埋场建设，建造 7 个垃圾中转站，确保环境卫生清洁，并积极开展 4A 级景区和国家级生态旅游区创建活动，不断提升风景旅游区的品位和档次。同时，桃花镇政府积极探索新型管理模式，取消塔湾金沙景区门票，免费向公众开放，切实加强浴场安全管理、卫生保洁，增添沙滩及水上娱乐运动项目，实行三大景区联票及单票制并举政策，方便游客需求。此外，打响“武侠爱情”品牌，每年都会举行以“爱在桃花、情义缘满”为主题的“七夕”爱情文化节，在塔湾金沙“江湖吧”安排开幕式大型文艺演出、浪漫之夜集体狂欢、山盟海誓见证爱情漂流瓶投放、婚纱摄影展示及现场拍摄比赛等活动。

（6）让农民受益于发展成果。2009 年 4 月 17 日，桃花镇大石头村 60 岁以上的老年村民领到了最新一笔“以奖代保”金。这次领钱的村民都感到格外高兴，因为每人多拿到 100 元人民币的季度补助金，这是大石头村旅游开发的收入提高后，让村民共享发展成果的举措之一。大石头村集体经济相对薄弱，原来主要依靠射雕城景区开发每年 10 万元人民币的分成来发展村里的基础设施建设。2011 年年初，桃花镇提出“和谐共融、促进发展”的开发方针，经过镇、村与景区的协商，在原来合作协议的基础上签订了补充协议。这个补充协议的核心内容就是提高了大石头村的景区门票分成比例，由原来的每年 10 万元人民币增加到 25 万元人民币，并将逐年按比例增加，增加的部分将用来设立专项资金，用于教育、医疗等公益事业支出。同时，桃花镇通过取消塔湾金沙景区每人次 25 元人民币一张的门票，通过沙滩的免费开放，吸引更多的游客和人气，使周边群众在第三产业中得到实惠。让农民受益，分享发展成果，桃花镇的产业发展有了更为坚实的基础。

第五节 健康养生业

随着经济社会的快速发展，人们希望过上高品质生活的愿望日益强烈，“身体健康、心情愉快、生有所养、老有所乐”成为人们对幸福生活的基本诉求。涵盖诸多业态，关联文化创意、生态环境、民风民俗、科技信息、社会安全等众多领域的健康养生产业成为蓬勃发展的新兴产业。在农村发展健康养生产业是一条产业扶贫的有效路径，能够解决农民就地就业问题、留守儿童问题和老有所养问题。

一、“文化创意 +”健康养生产业融合发展

健康养生产业属于新兴的现代服务业，是具有典型的社会属性特征的复合产业，借助“文化创意 +”，为健康养生产业注入发展创造力，延展产业链和价值链，提升产业附加值，在资源的高效配置、区域的均衡发展等方面都将取得明显的成效。需要注意的是，在这类特色乡村和特色小镇建设及运营过程中，文化创意产业与健康养生产业不能盲目融合发展，还需形成资源共享、短板互补、循序渐进的发展格局。

（一）文化创意对健康养生产业发展的功能

中国文化资源丰富、文化底蕴深厚，为经济社会发展提供着源源不断的滋养。在中国的文化基因中，将“养生”与“养心”融为一体，以“养心”为本，是中国健康养生产业发展的文化前提。在移动互联网时代，文化产业不断向其他行业和多个社会领域渗透，呈现出多业融合发展态势。健康养生产业在其发展过程中需要面对并解决要素融合、产业融合、产城融合等诸多问题，这意味着健康养生

产业发展不能单打独斗，需要通过与文化创意产业融合发展，催生新创意、新模式、新业态。

从提升产业附加值角度看，文化创意有助于推动健康养生产业的内涵式发展。一方面，健康养生产业可从国学文化、中医药文化、武术太极、饮食文化等挖掘文化资源；另一方面，文化产业也可在旅游、演艺、体育、数字出版、艺术、广播影视、创意设计等行业中凸显健康养生理念。另外，科技创新有助于促进健康养生产业转型升级，大数据、云计算、物联网、人工智能等科技的应用，将进一步提升健康养生产业的附加值。

从全景产业链角度看，健康养生产业可容纳数十个行业，吸纳数以万计的就业人口。产业链上游主要从事研发生产，涵盖生物、医药、营养、保健、食品等行业；产业链中游主要从事服务消费，涵盖健康、养老、医疗、旅游、体育、农业等行业；产业链下游主要从事衍生体验，涵盖文化、艺术、科技、创意等行业。

文化创意产业与健康养生产业融合发展的关键在于资源共享、短板互补。优美的自然环境与文化生态，既是文化旅游发展的必要条件，又是打造优质健康养生基地的良好基础，一项条件同时满足二者之需，这就是资源共享带来的价值。短板互补则是指文化创意设计能够赋予健康养生产业更多的文化内涵和趣味，从供给侧提升健康养生产业的品质，并且形成产业特色。

（二）“文化创意 +”健康养生小镇的意义

注重文化性和体验性，有助于健康养生产业链条的延伸，创造品牌优势。湖北武当山太极湖生态文化旅游区、湖南长沙宁乡灰汤温泉小镇、江苏省泰州市大泗镇中药养生小镇等已经初步形成了地方文化特色，引领了当地的相关产业发展。

特色小镇为各地产业发展战略的再选择提供了新思路。“文化创意 +”健康养生产业特色小镇一般以“健康”为小镇开发的出发点和归宿点，将文化体验、健康疗养、医疗美容、生态旅游、休闲度假、体育运动、健康产品等业态聚合起来，实现文化与健康相关消费聚集，形成具有文化意蕴和健康养生功能的特色小镇。

“文化创意 +”健康养生产业特色小镇可以依托长寿文化，大力发展长寿经济，形成以食疗养生、山林养生、气候养生为核心，以养生产品为辅助的健康餐饮、休闲娱乐、养生度假等功能集聚的健康养生养老体系；也可以依托医药文化发展医药产业，推动健康养生、休闲度假等产业发展的医养特色小镇；还可以原生态的生态环境为基础，以健康养生、休闲旅游为发展核心，重点发展养生养老、休闲旅游、生态种植等健康产业。

很多城市面临着房地产去库存的问题，“文化创意 +”健康养生产业特色小镇可以将文化、健康养生、房地产行业进行有机连接，跳出单纯的房地产开发层面，打破盖房子、卖房子的桎梏，从产业融合和产业运营的角度进行设计，不仅能更好地实现文化和健康养生要素的有效结合，也更有利于提升配套设施和服务的吸引力。

此外，从运营的长期性来看，一些城市旅游业具有季节性，在一年内不同的时间接待人数会有周期性的变化。而健康养生产业的消费者有充足的可支配时间，基本不受公共假期影响，而且在目的地停留时间较长，是城市旅游产业的最佳补充客群。通过打造“文化创意 +”健康养生特色小镇，可以使城市旅游项目的设施设备和人力利用率在时间轴上更为均衡。

（三）“文化创意 +”健康养生小镇的运营

不同地方的特色小镇在功能定位、产业选择、空间布局、风格特征、发展方式等方面各有不同，但作为一种产业与区域相结合的经济社会形态，特色小镇也有自身共性的发展规律。

按照从无到有的发展路径，“文化创意 +”健康养生特色小镇的建设可分为战略定位、组织建设、运营管理三个阶段，每个阶段都有预期实现的任务目标和需要遵循的基本原则。

首先，“文化创意 +”健康养生特色小镇需要合理设计战略定位，包括功能、产业、特色定位三个核心内容。小镇的功能定位是明确小镇对于城市和农村之间的衔接作用以及与相邻小镇的互补作用。小镇产业定位是指合理规划主导产业类型及产业体系，甄别和分析当地的资源及市场条件，遵循适宜和适度原则，围绕特色主导产业，聚合相关产业，建构产业生态系统。小镇特色定位是人文与空间的个性化设计，将当地的历史文化、自然风光、民俗风情等特色资源融入空间环境和特质中，形成富有特色的生活场景，让小镇“留得住青山绿水，系得住乡愁”，成为“区域特性—产业发展—民居生活”三位一体、和谐相融的特色小镇。

其次，“文化创意 +”健康养生特色小镇的战略执行需要有序的组织建设，其关键在于基础设施与政策配套。基础设施建设是特色小镇发展的先导性工程，对外要加强交通、运输、通信等市政设施建设，让小镇融入大市场、大都市圈，获得可持续发展的动力；对内要加强科技、教育、文化、卫生、商贸等公共服务设施、市政工程设施建设以及防灾减灾等设施配套，使小镇成为产业、生活、生态一体化的空间和平台。与此同时，地方政府需要加强政策引导、扶持和保障服务，尤其在土地保障、财政支持、税收政策等方面，创新规划建设和社会服务管理，促进特色小城镇的“产镇融合”发展。

最后，“文化创意 +”健康养生特色小镇需要系统的运营管理，以保障小镇及其产业持续发展。特色小镇的运营管理体系是小镇生命的机能表现，关系到发展潜力与活力、财务状况、盈利模式以及吸引并留住企业与投资人的外部环境。

为了保障运营管理的系统性、精细性和专业性，特色小镇由建设期进入发展期之后应该引入市场化的运行机制，搭建各种产业发展平台来保障运营管理效率和服务水平。同时，特色小镇发展是复杂的系统工程，特别是需要充分调动当地人的参与积极性，为他们谋福祉，实现自然、人居、产业的有机融合。

当然，并不是所有地方都适宜发展健康养生产业，相对优越的自然环境、文化生态和医疗服务是发展健康养生产业的基本条件，而产业的持续发展需要强调社会文化属性，一方面要凸显产业所承担的社会责任，产品设计和经营模式需要高度的人性化，彰显人文关怀，避免唯产业论的取向，真正发挥社会服务的功能；另一方面要综合考虑文化因素，即契合中国传统文化内涵和区域文化特点，从消费群体的需求和特征分析进行产业定位，特别要考虑不同人群、不同地域消费习惯的差异问题，真正实现寓养于心、寓养于乐、寓养于居、寓养于业。①

二、重点案例

巴中位于四川盆地东北部，地处大巴山系米仓山南麓，中国秦岭—淮河南北分界线以南，是国家卫生城市、国家森林城市，素有“川东北氧吧”之称。

（一）巴中的森林康养产业

近年来，巴中突出绿色生态优势，坚持“生态发展，绿色崛起”理念，把绿

① 张振鹏．文化＋康养产业：融合发展如何实现［N］．中国文化报，2017-09-09.

色生态优势转化为发展优势和产业优势，全力推动森林康养产业健康有序发展。巴中通过招商引进重庆恩泽、欣都、域城等旅游投资有限公司。目前，通江县在广纳镇、文峰乡、空山乡、唱歌乡等地建成6个森林康养示范基地，来自重庆、新疆、成都、西安、达州等地享受“森林盛宴”的游客已达30万人次，有6000多人在三大区域购房常年居住或“候鸟式”居住。随着森林康养产业越来越受欢迎，大巴山的好山好水正逐渐变成财富。巴中的好山好水淌出了“绿色财富”。2018年3月，《小康》杂志社会同有关专家及机构进行了“2018中国生命小康指数”调查，并请受访者从近30个有名的康养胜地中评选出了“国人最向往的十大康养旅游目的地”，巴中入选。

（二）主要做法及启示

1. 充分利用自然资源优势

巴中山区居多，气候条件宜人，自然生态环境保护完整，森林覆盖率达58%，空气质量优良天数达92.5%以上，拥有15个国家4A级旅游景区、光雾山－诺水河国家地质公园，有4个国家森林公园、3个省级自然保护区、17个国有林场，有2400多种野生动植物，其中国家级保护动植物65种，被誉为“四川盆地北缘山区重要生物基因库”，在发展森林康养产业方面有着得天独厚的优势。

2. 把握产业发展机遇

巴中在充分调研、科学论证的基础上，明确大力发展核桃、茶叶、林木、林下和康养旅游“4+1”林业支柱产业。2015年，四川省林业厅提出了探索发展森林康养产业的部署，并召开了首届森林康养年会。在这次年会上，巴中的米仓山、空山、天马山、镇龙山4个国家森林公园荣获“四川省十大森林康养示范基地”称号，赋予巴中发展森林康养产业的绝佳机遇。随后，巴中出台了《森林康养产业发展总体规划》，将与巴山新居、生态旅游、脱贫攻坚、巴食、医疗养老等领域深度融合，建好精品康养景区和全域康养基地“两个平台”；实施提升森林生态、完善基础设施、建设康养房产、配套医疗服务、培树康养文化、发展特色产业和打造体验项目“七个重点工程”；建成一批标准化精品森林康养基地。

3. 构建森林康养政策支持体系

自发展森林康养产业以来，巴中积极探索创新，率先做出了全域发展规划布局，提出“全域规划、整体发展”，建立了“1+6”规划体系；率先构建了森林康养政策支持体系，出台《关于大力发展森林康养产业的意见》，建立森林康养发展引导基金和财政专项资金，对验收合格的森林康养基地给予奖励，并将森林康养纳入 PPP 实施范围；率先创建森林康养示范基地。制定示范基地建设标准，启动创建评选活动，确定了 32 家首批创建单位，并进行挂牌和奖励。

4. 特色 + 创意的乡村产业开发

巴中的特色乡村建设是其健康养生产业发展的一大亮点，一些乡村依据著名的地理标识性农产品开发系列美食康养等产品，有些长寿村拥有长寿文化的基础，倡导食养、药养、中医等健康养生，结合养老民宿，发展中长期的家庭养老机构，积极开发田园长寿文化康养产业。对于没有明显特色资源的乡村，通过整合周边地区康养资源，结合创意转化进行特色植入，因地制宜地进行长寿文化型、生态养生型、医养结合型或养老型乡村健康养生产业开发。

5. 森林康养与生态旅游、休闲农业、乡村文化深度融合

巴中把森林康养与生态旅游、休闲农业、乡村文化深度融合发展，先后承办了环中国自行车赛、国际自驾游交易博览会等国际、国内大型活动，提升了巴中市的知名度。同时，充分利用全国三大富硒带之一的土地上孕育出的核桃、银耳、茶叶、南江黄羊、巴山土鸡、空山黄牛、青峪猪等特色产品，加工成具有地方特色、符合食物疗法要求的森林食品和康养营养套餐，延长森林康养产业发展链条。

第六节 农产品会展业

农产品会展是以会展业为依托，以农产品推广和交易为目的，通过举办各种类型的农业会议和农业展览，形成信息流、人才流、资金流、物流，创造商机并促进农业发展的一种经济形态，主要包括农业博览会、交易会、订货会、展览会、农业论坛、洽谈会、交流会等形式。农产品会展是农业和会展业发展到一定阶段的必然产物和有机结合。

一、“文化创意 +”农产品会展融合发展

农产品会展业能够有效推动农业发展，提高农民收入和推动农业市场化、产业化和国际化的发展，并且带动旅游、餐饮、物流等相关产业发展，从而形成一个相互促进、良性互动的经济社会发展格局。近年来，农产品会展业伴随现代农业的发展进程，越来越多地融入了科技和文化内涵，且与多种多样的商务活动相互嵌入、协同发展，尤其是“文化创意 +”农产品会展融合发展，使得相关业态更加丰富，在经济社会多个领域发挥了重要作用。

（一）示范引领功能

“文化创意 +”农产品会展融合使人们以文化体验的方式聚焦、欣赏和体验农业，显著提升了农业的文化内涵和附加价值，通过展示创意农业新技术、新品种和新产品，既树立了现代农业的发展形象，推广了创意农产品，也以更加生动的方式展示了农业发展成果，指引了未来农业的发展趋向。

（二）辐射带动功能

据专家估算，农产品会展业具有 1∶10 的带动效应，[①] “文化创意 +”农产品会展融合，不仅能够提高农村农业的生活与生态价值，带动农村文化旅游产业的蓬勃发展，更有益于第一、第二、第三次产业实现有机融合，形成产业生态的良性循环发展，从而提高文化创意与农业的高产出及高附加价值。

（三）商务促进功能

“文化创意 +”农产品会展融合，能够搭建更加多元化的商务活动平台，帮助参展企业扩大商务交流范围和内容，增加商业机会，拓展业务合作空间。同时，有助于参展企业面对更多来自不同领域的客户，提高业务成交概率，节省成本，提高效率，并且畅通业务渠道，开拓更加广泛的商务市场。

（四）统筹城乡建设

“文化创意 +”农产品会展融合是一项系统工程，通过提升农产品会展业的文化内涵和发展质量，促进城乡基础设施建设的统筹规划，优化区域经济社会发展的整体布局，推动农村人文资源、自然资源、环境资源的有效及合理利用，促进城乡经济社会协调发展。

（五）国际化发展功能

农业国际化是经济全球化的一个重要组成部分，是农业参与经济全球化进程的具体体现。“文化创意 +”农产品会展，尤其是国际性的农产品会展，可以增强农业技术和农业发展战略的国际交流，促进农产品和生产要素的国际交换。各国按照比较优势原则进行地域分工，据此合理配置国内农业资源，实现资源、产品和信息的国内国际市场双向流动，参与农业国际分工，形成相互联系、相互依存的全球农业经济整体。

---

① 赵海燕，何忠伟．北京会展农业发展模式与产业特征分析［J］．国际商务（对外经济贸易大学学报），2013（4）．

二、重点案例

近年来，“草莓大会”“农博会”“蔬博会”“农业嘉年华”等以文化为依托的农产品会展经济逐渐兴起，成为多地推动“文化创意 +”农业融合发展、拓展农村农业发展功能和空间的主要方式。

（一）北京昌平世界草莓大会

世界草莓大会由国际园艺学会发起，是全球草莓界的最高级别盛会，每四年举办一次，迄今已成功举办了七届，举办国分别为意大利、美国、荷兰、芬兰、澳大利亚、西班牙、中国，中国是亚洲国家第一个举办此类大会的国家。世界草莓大会是展现世界最新科技前沿成果的学术盛会，也是引领世界草莓产业发展趋势的风向标，具有广泛的国际声誉和影响力，被誉为“草莓界的奥运会”。每一届大会都有力地推动了举办国草莓产业与科技的发展。

北京昌平第七届世界草莓大会共吸引近 200 家企业参展，其中国内企业近 150 家，涉及 19 个省市；国际企业 50 家，涉及 14 个国家和地区。据介绍，大会 5 天时间，北京市昌平区的草莓采摘就达 36 万千克，收入 3600 万元人民币，平均每千克售价高达 200 元人民币。

“办好世界草莓大会，拉动一个产业，富裕一方农民。”按照这一发展理念，昌平有效利用大会留下的软硬件设施，持续打造昌平农产品会展品牌，开展后续展会活动的策划和运作，积极吸引更多国内外高水平农业展会落户昌平，推动都市型现代农业转型升级，建成了国家现代农业科技城昌平园，形成了具有昌平特色的会展农业聚集区，十三陵镇被命名为国家卫生县城（乡镇），小汤山镇、北七家镇和南口镇被命名为全国重点镇。

此后，昌平又创办了北京农业嘉年华，每年上半年都在昌平草莓博览园举行，至今已连续举办六届。昌平不断探索都市型现代农业的实现形式、发展方式及运作模式，重点发展集趣味性、知识性、科技性、互动性、参与性、创新性于一体的创意农业，让游客在北京农业嘉年华既可观赏农业美景、了解农耕文化、体验农趣活动、感受农业科技，又可品尝各地特色美食、购买各类国际特色农产品，将农业嘉年华打造成展示农业产业、全域旅游产业、文化创意产业、科技创新产业的优质平台，同时通过与农业、旅游、文创、科创等区域优质企业的合作，推动嘉年华特色品牌打造，促进产业发展。

（二）山东寿光国际“菜博会”

山东寿光国际“菜博会”的正式称谓是中国（寿光）国际蔬菜科技博览会，创办于 2000 年，是经中华人民共和国商务部正式批准设立的年度例会，是国内的国际性蔬菜科技专业展会。由中华人民共和国农业农村部、中华人民共和国商务部、中华人民共和国科学技术部等部委与山东省人民政府联合主办，每年 4 月 20 日至 5 月 20 日在山东寿光蔬菜高科技示范园定期举办。

到 2018 年，中国（寿光）国际蔬菜科技博览会已连续举办 19 届。这是山东寿光依托产业基础和科技优势向世人展示当地现代农业发展的一个窗口，也是让世界人民认识山东的一个平台。从展会的展厅设计来看，寿光在其中融入了大量的当地以及中国文化元素，从文化上诠释农业经济展会。展会分设主展区、分展区，主展区总面积 35 万平方米，包括 8 个展馆（厅）、6 个蔬菜温室大棚、采摘园和蔬菜博物馆。展厅采用蔬菜、果实、种子制作的盛世中华、锦绣江山等 200 多个蔬菜组合景观，融合了红色文化、生肖文化、齐民文化等传统历史文化。参观展馆之余，游客还可在现场参与互动。2 万多平方米的田园超市“采摘园”向游客开放。为配合展会，主办方还举办了丰富多彩的文化活动，邀请庄户剧团演出，融入地方特色文艺汇演等形式，在菜博会主会场、弥河生态农业观光园展开，并且在菜博会期间举办“蔬菜总动员”蔬菜趣味大赛，提高游客和当地居民的参与度。

山东寿光国际“菜博会”越来越重视文化创意的融入，在展厅设计、蔬菜景观、产品展示等方面全面展示独特的蔬菜文化艺术，并且围绕蔬菜文化主题开展系列文化活动。2018 年第 19 届中国（寿光）国际蔬菜科技博览会期间，还将同时举办寿光文化产业博览会，全面推动“文化创意 +”农业融合发展。

（三）南京农业嘉年华

提起“嘉年华”，人们自然想到“狂欢节”，而南京的“农业嘉年华”就是农业行业里的狂欢节，以“农民的节日 市民的盛会”为主题的农业嘉年华是南京农业旅游的品牌，兼有展览、娱乐、购物、展示、宣传、招商等多种功能，是南京都市农业的一块金字招牌。

从 2005 年起，每年 9 月由南京市人民政府、江苏省农业农村厅主办，南京市农业农村局承办“农业嘉年华”活动，向社会全面展现休闲农业发展成果，传递现代农业文化，为农民和市民搭建交流、互动、娱乐、庆祝和共同发展的平台。南京农业嘉年华的宗旨是向社会展示城乡统筹新措施、展示都市农业新成果、展示休闲农业新品牌、展示郊县农民新风采；为农民、市民搭建一个交流、互动、发展，共同娱乐、庆祝的平台。“农业嘉年华”起源于休闲农业，服务于都市农业和城乡统筹，以吃、喝、玩、乐、娱、购、体验等内容为要素，以创意的手段包装，以人们喜闻乐见的方式呈现，以充满“农”味的素材为特色，打造一个融新、融美、融经济和社会效益于一体的富有内涵的农业盛会。

南京农业嘉年华已经成为全方位展示都市农业新成果、现代农业新科技、郊区农民新风采和城乡和谐新生活舞台，逐步形成了集“农业科技、文化创意、互动体验、休闲娱乐、科普教育、精准扶贫及生态环保”于一体的多功能农业综合体，先后被国际都市农业基金会评为“国际都市农业创意与推广杰出城市奖”，被农业部评为“全国休闲农业创意奖”，与北京京郊游、成都农家乐并称为全国休闲农业三大品牌。

第七节　农产品电商业

农产品电商是促进农业发展、农村繁荣、农民增收的重要途径。2018 年 3 月，国家市场监督管理总局、中华人民共和国工业和信息化部、中华人民共和国农业农村部、中华人民共和国商务部、中华人民共和国国家林业和草原局、中华人民共和国国家邮政局、中华全国供销合作总社等七部委联合印发《关于开展农产品电商标准体系建设工作的指导意见》，旨在通过标准化手段来规范农产品电商行为，引领农产品电商健康可持续发展。

一、农产品电商

农产品电商是指在互联网开放的网络环境下，买卖双方基于浏览器或服务器的应用方式进行农产品的商贸活动，它是互联网技术变革农产品流通渠道的新生事物，是一种新型的商业模式。

（一）我国农产品电商发展概况

1. 农产品电商业务持续增长

2018 年 3 月，中国农产品电商联盟发布的《2018 年中国农产品电商发展报告》显示，2017 年中国主要农产品的产量再创新高，总量达到 211828.25 万吨。农产品交易规模持续增长，2017 年全国大宗农产品电子交收额预计超过 10 万亿元人民币，农村农产品网络零售额达到 2500 亿元人民币，生鲜农产品电商达到 1391.3 亿元人民币，平均每年增长超过 50%，食材农产品电商交易额超过 8000 亿元人民币，在线外卖市场规模突破 2000 亿元人民币。水果、海鲜、生肉、蛋及蛋制品、新鲜蔬菜制品是目前生鲜电商最受欢迎的品类。特色农产品增长迅猛，许多特色农产品走出大山，如广西百香果。品牌农产品网销效果好，如清远鸡 2015—2017 年销量大幅度增长。生鲜农产品网络零售呈现更新鲜、更天然、更营养的特点。此外，农产品跨境电商业务也增长明显。

2. 农产品电子商务体系日趋完善

农村电商的发展逐渐形成相应的生态圈、生态链。通过互联网、计算机、大数据等技术，农村电商将网站、平台与农业的产前、产中、产后联系起来，形成网上网下相互联动的生态圈。农产品电商不但卖实物，更卖服务和体验，如去年呈井喷式爆发的生鲜智能店和智能菜市场就是其中的典型。2017 年，以盒马鲜生、超级物种、京东 FRESH 为首的智能门店纷纷开业。开创线上电商 + 线下门店模式的盒马鲜生，实现超市 + 餐饮体验 + 仓储一体化运营，目前已经在全国开了 26 家门店，计划 2018 年在北京开 30 家门店并持续向二、三线城市下沉。

3. 智慧农贸市场大步前进

所谓智能农贸市场，是指运用互联网、大数据、物联网、云计算、人工智能、区块链等先进科技对传统农贸市场进行改造，实现农贸市场管理、服务和监督的网络化、规范化、现代化，主要表现为使用智能电子秤进行交易结算，用先进的农产品检测设备，滚动发布检测信息、价格信息、供销信息等。有的农贸市场还可以远距离对市场人流、空气湿度、空气味道等进行监督。此外，无人店、无人仓、无人架、无人车配送也加入改造农贸市场的大军中，给菜市场带来了浓郁的智能化气息。2017 年 8 月 11 日，中菜联盟裕龙智慧市场体验店在北京顺义开业，集结了智能电子秤、统一收银终端、移动 POS 机、触摸一体机等系列智能设备，标志着我国传统菜市场开始向智慧农贸市场转变。中菜联盟计划 2018 年将智慧菜市场体验店覆盖整个北京，线下实体店总数达到 100 家。除北京以外，杭州、长沙、温州、海口等十几个城市的智慧农贸市场也得到探索性发展。

4. 冷链物流发展迅速

2017 年，我国农产品冷链物流总额达到 4 万亿元人民币，占全国物流总额 252.8 万亿元人民币的 1.58%，同比增长 17.6%。冷链物流总收入达到 2400 亿元人民币，冷链物流仓达到 1.1937 亿立方米，约 4775 万吨，同比增长 13.7%，冷藏车达到 13.4 万辆。另外，2018 年我国农产品冷链物流呈现十大趋势：一是农产品电商网上网下融合化趋势；二是生鲜冷链物流标准化趋势；三是各类冷链物流发挥多功能趋势；四是农产品冷链物流品牌化趋势；五是农产品冷链物流全渠道趋势；六是农产品冷链物流国际化趋势；七是农产品冷链物流智能化趋势；八是农产品冷链物流绿色化趋势；九是农产品冷链物流社区化趋势；十是农产品冷链物流法制化趋势。

（二）农产品电商的主要模式

1. 平台卖货模式

平台卖货模式主要是指农行或企业在淘宝、京东、苏宁、折800、卷皮等电商平台开店。平台卖货模式通常产品是相对固定的，顾客不固定，以产品运营为核心，对产品和运营的要求较高。食品类电商平台还需要食品经营许可证，要求卖家必须注册公司或个体工商。另外也有一定的资金要求，毕竟平台押金，运营、客服团队建设，产品库存等都需要资金，因此平台卖货模式需要业户具有一定的综合实力。如果平台卖货模式的业户起步较高，产品过硬，市场容量就很大。理论上来说，全平台买家都可能是潜在用户，直通车、钻展、各种广告营销手段都可以采用，但前提是产品要经受住市场检验。

2. 朋友圈微商模式

近年来，微信成为人们交流的主要媒介，而依托微信朋友圈进行电商交易的企业和个人也越来越多。朋友圈是个相对封闭的圈子，这两年很多公众号用电商进行流量变现也采用这种方式。这种方式一般运营者和客户都是强关系，因为无论是朋友圈还是公众号导流的微店，都相对封闭，不存在比价的可能性。这种模式明显是以客户运营为主的，甚至需要对用户进行一对一维护，好处就是只要得到用户信任，基本不会出现再去货比三家的情况。目前这种方式以家庭主妇、学生为主，收入两极分化严重，而且很不稳定。

3. 农场基地供货模式

农场基地供货模式最近几年才出现，这部分用户基本是自有种植基地或者养殖农场，但是年龄普遍偏大，掌握网络知识比较吃力，没有精力去淘宝等平台开店，如果在朋友圈一份一份地卖，对于生产者来说很难同时兼顾，所以他们就给网店或者微商供货，这样他们就可以把精力集中到产品上，不必为拍照、产品上架、运营推广、客服售后等烦琐问题分心。由于农产品收获期相对较短，现在大部分是机械化或者半机械化作业，所以很多产品会集中上市。这种模式在一定程度上可以增加农产品附加值，提供种植、养殖者利润，对农产品滞销也起到一定的缓解作用。

以上三种不同的农产品电商模式适合不同的农产品，各有优劣势，并无绝对的优劣之分。而据相关数据显示，我国目前涉农电子商务平台已超 3 万家，其中农产品电子商务平台已达 3000 家，但基本都处于亏损状态。这种情况的出现，一方面是由于农产品电商尚处于发展的初级阶段，另一方面是由于农产品自身特殊的属性所决定的。农产品的天然属性使其在运输、产品品质上要求颇高，因而驱动农产品电商发展的动力主要有供应链、营销、产品、渠道、服务，每一种驱动力都可以构成一个农产品电商企业的核心竞争力。不同的农产品电商模式可以选取不同的驱动力作为其发展的核心要素，但农产品电商发展是一条长长的产业链条：从原端产品（品控）→标准化商品（包装）→运输配送（供应链）→服务，其中任何一条环节缺失，都无法发展好农产品电商，因而理清农产品电商的商业模式只是开端，核心是要在产业链的四个环节上做好布局。一切只是开始，农产品电商发展任重而道远。

二、重点案例

淘宝村是指众多互联网电商平台聚集在农村、依靠淘宝网在电子商务交易的优势，依托淘宝网为交易平台，实现农产品的电子化交易。现阶段，淘宝村的判定标准是：经营场所需在农村地区，以行政村为单元；农产品电子商务年交易额达到 1000 万元人民币以上；行政村内活跃网店数在 100 家以上，或活跃网点数占当地家庭数的 10% 以上。近些年，淘宝村的发展影响力逐渐扩大并开始集聚，逐渐出现了多个淘宝镇。

（一）文化传承下的淘宝村

阿里研究院发布的《中国淘宝村研究报告（2017）》中提到，越来越多以地方特色文化产品为主营品类的村落在不断涌现。这一趋势反映出电子商务正广泛、全面地与地方特色的文化产业融合发展，帮助其扩大市场空间。2017 年全国有近 30 个淘宝村的主营品类为文化产品，累计销售额超过 2.5 亿元人民币。

与一般淘宝村不同，主营为文化特色产品的淘宝村往往更依赖于历史禀赋（地区文化艺术的传承）和自然禀赋（生产文化用品特殊的原材料）。例如，千年雕刻工艺的传承和强大的产业基础，让河北曲阳的石雕和浙江东阳的木雕在淘宝村文化产品的销售中大放异彩，“文化产品销售规模前十大淘宝村”中“南北双雕”独占六座。而浙江省杭州市余杭区的中泰街道紫荆村则是"自然禀赋"的绝佳代表。中泰街道是"中国竹笛之乡"，紫荆村更是其中的佼佼者，其成功创建了全国唯一的"苦竹种质资源库"。"七成竹笛紫荆造"，独一无二的自然资源优势吸引了大批优秀的匠人和企业，产业集聚逐步形成，紫荆村的竹笛产业迅速崛起。类似情形也发生在淘宝村报告中提到的李元村宣纸、马屯村战鼓、新华村的银器，三者淘宝村文化产品销售规模逐年增长。

文化产品的受众和产业规模差异较大，部分淘宝村虽然刚刚起步，但主营的文化商品也已初成规模，颇具特色，如泰安小津口村的奇石、天津潘庄子村的唢呐、福州樟林村的金石篆刻等。借助互联网，数千年的文化传承正在以一种新的方式从古老的村落走向城市，走向全世界。

（二）淘宝村的新变化

淘宝村不仅数量大幅增长，近两年更是显现出诸多新变化，主要体现在三个方面。

一是商品多元化。从销售额来看，领先的有服装、家具、鞋、箱包等，对应着大众化的消费需求。与往年相比，具有地方特色的商品面对网上海量个性化需求，空间巨大。首先是农产品，比如沭阳的花木、阳澄湖的大闸蟹、安溪的铁观音茶等。2017 年，在新疆发现的首个淘宝村仓房沟村，主要产品是黑蜂蜂蜜，黑蜂采的是海拔 1800 ~ 2500 米的山花花蜜，很有新疆特色。据初步分析，2017 年以农产品为特色产品的淘宝村超过 100 个。其次是手工艺品，如泾县的宣纸、即墨的鸟笼、孟津的牡丹画、鹤庆的银器等。很多产品具有悠久的历史和独特的文化，有的还是非物质文化遗产。此外，非常值得关注的是，一些科技创新产品也涌现出来，如电动平衡车、扫地机器人、智能家居产品等。

二是网商企业化。在淘宝村，大部分都是草根创业，以个人或家庭经营为主。同时，可观察到已经有一批网商快速成长起来，他们注册公司、创立品牌、申请专利，有的团队规模大，分工细，分布在全国多个地方协同办公。有的网商快速成长起来后，投资、收购其他企业加快发展。

三是服务体系升级。今年"双十一"，很多淘宝村的销售额、订单数、包裹数再次创下新纪录。而新纪录背后，是全新服务体系的有力支撑。很多淘宝村网商使用大数据软件深入分析网店的访问量，分析客户的活跃度，有针对性地采取措施。在广州大源村，物流中心拥有先进的快速分拣机，一天可以分拣 40 万件包裹，相当于 100 个人三天的工作量，而且分拣机能自动纠错，识别出有问题的包裹。一个淘宝村的服务体系完善与否，是决定这个村能否升级突破的关键。

（三）淘宝村的经济社会价值

越来越多的淘宝村产生了巨大的经济社会价值。在淘宝村，我们看到外出打工的村民、大学生、退伍军人回乡创业和就业，甚至还吸引了周边地区的人来创业和就业。村民们忙碌起来，富裕起来，家家户户其乐融融。“空巢家庭”“空心村庄”引发的一系列问题迎刃而解。部分地区的淘宝村在扶贫减贫方面有初步的成果。2017 年，在 13 个国家级贫困县共发现 33 个淘宝村，河北平乡的艾村发展电子商务直接带动 800 多位贫困村民参与，年人均增收 2 万多元人民币。在省级贫困县发现的淘宝村更多，其中在山东曹县的大集镇，2017 年 32 个行政村都成为淘宝村，孕育出全国最大的儿童演出服产业集群。

十九大报告提出实施“乡村振兴”战略。这些年蓬勃发展的淘宝村，恰恰是“乡村振兴”的样本和先行者。在日益繁荣的淘宝村里，产业兴旺、生活富裕、乡风文明、宜居宜业。透过淘宝村，我们可以看到，在人类加速转向信息社会之际，拥抱互联网，善用互联网，将使中国乡村走出振兴新路。移动通信网、电子商务、互联网金融、智能物流、物联网、云计算、大数据、人工智能等正在大规模普及到乡村，将大大消除中国乡村发展不平衡不充分问题。新商业和技术基础设施正在将城市和乡村连接起来，变成一个统一的大市场。

淘宝村成功的首要关键是“人”，特别是那些电商创业带头人，他们的探索和成功，在村庄里一传十、十传百，带动千千万万的村民投身发展电商、振兴乡村的大潮。他们已不是传统意义上的农民，而是新时代的新村民。他们正在创造掌握新技术、有着数字经济眼光，能面向全国、全球市场竞争的新农村。

在信息时代，工业基础设施之上叠加了云计算、互联网和智能终端等新的基础设施。这就产生了一种可能性，即原先从乡村转移到城市的人们借助具有更低成本、更高效率的新基础设施，回到乡村，回到信息时代的“新田园”。事实正是如此。淘宝村促进了生产要素向乡村回流，恢复和促进了乡村经济发展，增加了农民收入，改善了农民生活，增强了农民在信息时代的竞争能力。淘宝村是商业创新，更是社会创新。

第八节　国外的创意农业

创意农业是体验经济在农业中应用的最重要领域。体验经济学（Experience Economy）也称感受经济学，是研究消费者体验的性质、功能与规律从而实现人生体验这种稀缺资源的有效配置与利用、促进经济发展的一门边缘交叉微观经济学。所谓体验，就是企业以服务为舞台，以商品为道具，以消费者为中心，创造能够使消费者参与、值得消费者回忆的活动。这其中，商品是有形的，服务是无形的，而所创造出的那种"情感共振"型的体验最令人难忘。体验经济给农业生产经营者的启示是，非物质产品比物质产品的价值更高，升值空间更大。

创意农业让农业生产和农产品承载更多的情感及文化内涵，农产品的美色、美形、美味、美质、美感、美心给人们带来各种享受。与此同时，创意农业通过打造"智慧型农业""快乐型农业"，使田园美观化、农居个性化、农村景区化、农业旅游化，从而引导人们走进乡村、体验田园生活、回归自然，创造绿色文明的生活新风尚。

国外创意农业的蓬勃发达绝非相互模仿，发展模式也是不一而同，经过 20 多年的探索和实践，各国逐步形成了适合本国国情的创意农业发展模式。

一、国外创意农业的主要模式

（一）荷兰模式：科技创汇型创意农业

荷兰创意农业发达，有"欧洲花园"与"世界花卉王国"之美誉。荷兰创意农业的发展模式，与其国土地理条件息息相关。荷兰国土有限，人均耕地面积仅约 573 平方米，传统农业发展基础薄弱，这促使荷兰必须不断创新，走以科技创意农业的发展之路。

荷兰创意农业的科技含量世界领先。在发达的农业设施、精细的农业技术基础上，集约生产高附加值的温室作物和园艺作物，突出“花卉”这一特色创意农产业，制定花卉的专项发展战略，形成以文化艺术为指导，以农业科技研发为支撑，以适度规模经营为方法的创意农业生产体系，形成了国际知名的花卉贸易公司和休闲旅游目的地。当前荷兰的花卉进出口占全球花卉毛利总额的67%，这突出了荷兰创意农业发展的创汇经济功能。

（二）德国模式：社会生活功能型创意农业

德国创意农业走社会生活功能型发展之路，主要形式是休闲农庄和市民农园。市民农园是利用城市地区或者近郊农地，规划成为标准小块，租给市民收取租金，承租市民在农地上种植花草、蔬菜、果树，享受回归自然与田园生活的乐趣。

以慕尼黑为例，在慕尼黑市郊，当地农民在政府的帮助下开辟了郊野骑马休闲治疗活动。农民将优良的马匹租给骑马爱好者，在马背上，游客游赏森林与草原的自然之美，同时享受心理治疗与外科养疗，不仅能收到独特的治疗效果，还能为游客带来难以忘怀的休闲体验经历。慕尼黑凭借这种独特的“骑术治疗项目”及同时实行的“绿腰带项目”的系列行动方案，成为德国乃至欧洲人所向往的休闲农业体验地。

（三）法国模式：民俗体验型创意农业

法国的农业发达，是仅次于美国的世界第二大农产品出口国。通过创意农庄这一开发主题，极大促进了法国乡村旅游的发展，并使得法国农庄民宿游成为国际知名旅游活动。

法国农庄大部分在乡间，基于原有的农舍，通过艺术化的创意与主题改建，打造成独具魅力的民宿。农庄的设计多依照主人的品位，因此，农庄的主题特色丰富多样，各具特色。有的农庄房间保留着农舍原本的结构，有着粗大而结实的木梁，是地地道道朴实的农庄风味；有的房间则摆设着主人收集的艺术品、看过的书，散发着不造作的气质。有些农庄和法国特色产业相结合，这会更加诱人，如波尔多地区的红酒农庄、薰衣草农庄等。

法国农产品品牌在世界范围内可以算是发展最有特色、最为成功的。法国将农业标准化建设与农产品品牌战略相结合，从品牌认证出发，以质量认证为基础，从严格质量管控和政府扶持入手对农产品品牌进行发展。作为世界上第三大农产品出口国的法国，其葡萄酒文化及饮食文化享誉世界，这种文化品牌的建设除了农产品自身的品质基础外，政府机构的支持与管理也发挥了巨大的作用。

（四）日本模式：综合功能型创意农业

日本地少人多、丘陵遍布，可用农业耕地面积很少，这一特殊情况使得日本不得不提高农业现代化水平，加大科技投入，注重发挥文化创意在农业发展中的作用。在日本，无论种植何种作物，都能体现出日本农民“绣花”般的细心与精致。在一些地区，实行了无土栽培，温室大棚内种植的草莓、番茄等，其培育管理比苗圃、花圃还要精细，就像花卉盆景展示园一样。因此，称日本农业为“观光农业”“旅游农业”并无夸大之嫌。

日本农业生产的专业分工十分明确。一个地区有一个地区的产业特色，一个农户有一个农户的主导产品，优势互补，相互依存，共同构建起了日本农业经济的整体框架。自 1979 年日本提出“一村一品”创意农业活动以来，通过发展设施农业、加工农业、观光休闲农业、多样化农业，重点开发农业的绿色、环保、体验、休闲和示范功能，建设以高新技术产业和镶嵌式多功能的“绿岛农业”，极大地升级了创意农业的价值，促进了农业产业的升级，开创了以创意农业为主导的新型交叉产业形态——第六产业。

所谓“第六产业”，就是通过鼓励农户搞多种经营，即不仅种植农作物（第一产业），而且从事农产品加工（第二产业）与销售农产品及其加工产品（第三产业），以获得更多的增值价值，为农业和农村的可持续发展开辟了光明前景。因为按行业分类，农林水产业属于第一产业，加工制造业则是第二产业，销售、服务等为第三产业。“1+2+3”等于 6，“1×2×3”也等于 6。这就是充分体现产业融合发展特性的“第六产业”的内涵。

二、国外创意农业发展经验总结

（一）产业高度融合，乘数效应显著

发达国家创意农业是包括核心产业、支持产业、配套产业和延伸产业相关关

联的产业链条，这便极大转变了传统农业单一产业结构的限制，突破第一、第二、第三产业的限制，突出产业融合的发展效益。位于创意农业产业链条高端的专利、商标、品牌等知识产权是整个产业体系的价值核心。依托此核心，通过休闲旅游，带动相关产业，形成产业集群，进而产生巨大的经济效益，并提升农村区域的整体价值。例如，荷兰的花卉创意农业，在其整个花卉产业体系中，三产充分互融，产业价值的乘数效益十分显著。

（二）政府宏观引导，资金政策扶持

国外创意农业的繁荣发展，与各国政府的直接推动密不可分。各国基于本土乡村的社会文化背景与农业发展条件，选择最适宜的创意农业发展之路，提供科技及文化专家机构的指导，并在发展过程中及时完善相关政策，成立专门机构，必要时给予资金的扶持，以保障创意农业的可持续发展。例如，荷兰国土以平原为主，政府提倡发展畜牧业、奶业及高附加值的园艺花卉业，并从政策、资金及技术等方面提供切实的便利；德国农业协会在创意农业与乡村旅游发展之初，为保障游客的合法权益，于 1972 年制定了“乡村旅游品质认证制度”，经多次修订沿用至今；法国也于 1988 年成立了隶属国会农业委员会的农业观光服务处。正是由于多策并举，才促进了欧洲创意农业的快速发展。

（三）发展文化经济，奠定创意基础

文化经济与体验经济是创意农业发展的两大基础。欧洲创意农业的发达与其先进的文化创意产业密不可分。现代欧洲国家经过数百年的发展，财富的大增促使大多数国民进入“物质经济过剩、文化经济繁荣”的时代。民众物质生活的开支逐年下降，更多的钱消费到非物质、文化、休闲等领域。文化创意与休闲活动成为社会生活中不可分割的部分，创意农业也因此兴盛发展，且作为最亲近自然的产业，休闲农业的前景将持续兴旺。

（四）树立市场品牌，引领生活潮流

创意农业在追求特色性的同时，也要树立品牌，纵深发展，以品牌延伸价值空间，从农业延伸至生活，这是创意农业未来的发展大趋势，也是国际创意农业发展的重要经验。树立市场品牌一项有效的做法，是充分放大创意农业的品牌效

应，结合"地理标志产品"、国家特定基地、特色乡土文化等荣誉形象，突出打造。例如，世界种植薰衣草的地方很多，而法国的波尔多正是突出"波尔多薰衣草"的品牌，成为全球薰衣草种植最具知名度的休闲度假胜地。再如，美国新奇士橙协会注重将质量和服务放在首位，完善数字化、信息化的产销管理系统，提高了工作效率，积极寻求国家间的品牌合作，使其品牌多样化，并针对不同地区不同文化的消费者适当调整产品口味，使新奇士橙品牌成为国际知名的农产品品牌。

引领生活潮流，是创意农业的最大价值体现。将自然乡村环境与传统乡土文化经过创意手法，结合现代流行文化与市场元素，融入城市的便利与现代科技元素，将创新一种新的生活模式，这是欧洲等发达国家正在演进的"后现代生活"写照。而对于中国的城乡统筹及新农村建设，也具有突出的指导与借鉴意义。

三、创意农业的内涵与特征

创意农业的原始形式是农产品创新，农业生产方式和技术创新以及农业生产和农村生活场景改造都是创意农业早期的基本形式。当人类社会发展进入创意经济时代，伴随消费需求升级，人文和科技要素融入农业生产，创意与农业相结合，成为发展实践的必然选择和趋势。创意农业并非创意产业与现代农业的简单叠加，而是二者的有机融合，吸收了创意产业和现代农业的特点，并形成其自身的独特性。

首先是高融合性。创意农业不是单一的产业形式，其产品或服务是创意融入农业生产过程所出现的创新性成果，如北京市大兴区的玻璃西瓜、平谷区的刻字寿桃，不仅是现代农业生产技术的应用，也是文化创意的表现形式，将农业生产、文化传播、科技应用、旅游、消费等功能以创意进行连接，形成多元融合的成果。

其次是高创意性。创意赋予农业新的资源要素组合，创新农产品和农业生产方式，诸如创意农产品、生态农庄、田园综合体等形式，大大提高了农业生产成果的艺术性、体验性和价值创造能力，以满足人们精神与物质的多重享受和不同群体的多样化需求。

再次是高附加值。传统的农业生产通常要消耗大量的自然资源，而创意农业生产的关键要素是人的创意，摆脱了传统农业生产方式对物质资源的过度依赖，借助创意提高农产品或服务的特色化与个性化，显著提升农产品与服务的附加值和农业综合效益，延伸农业产业链，拓展新兴消费市场空间。

最后是高集群化。创意农业是农村文化、农业技术、农业生产、现代管理运营理念的综合创新，集聚了创意产业、科技创新以及服务行业等多种不同行业的资源要素，也需要生产和消费在相对固定空间里的互动，形成产业集群化发展的环境，是具有高集群化特征的产业形式。

创意农业不仅是一种产业经济形式，也是一种农业文明的展示形式，还是一种面向新消费的服务形式。创意农业发展能够为农业和农村注入新的文化要素，为消费者提供与众不同的快乐体验，从而提高产品与服务的观念价值，并且因品牌的作用而提高产业的附加值，并由此丰富文化内涵，改进人们的生活方式，提高人们的幸福指数。

在我国，创意农业处于萌芽期，目前多以创意元素的形式融入休闲旅游产品开发中，市场份额小。创意农业包括产品创意、服务创意、环境创意和活动创意等，目前主要以产品创意和活动创意为主。在产品创意方面，主要是通过将产品功能与造型推陈出新或赋予文化新意，使普通农产品变成纪念品，甚至艺术品，从而身价倍增。在活动创意方面，主要是指通过定期或非定期举办创意活动，提高消费者体验价值。我国创意农业目前尚未具备较大规模的市场份额，由打造创意到形成产业，还有很长的路要走。

第四章

“文化创意+”农业融合发展路径机制

“文化创意+”农业融合发展的驱动力包括资源转化、政府主导、资金推动和需求引发，驱动力选择需要依据适宜原则、系统原则和权变原则。核心产业、关联产业、衍生产业和辅助产业四大产业群体构成“文化创意+”农业融合发展的组织系统，在环境、市场、政策、知识因素的影响下，呈现出构筑文化创意产业链、重构社会形态、区域扩展和国际化四种演进方向，其产业政策制定可从完善产业支持体系、形成产业内生机制、增强产业核心竞争力、提升人力资源质量四方面考虑。

第一节　融合发展的驱动力

不管是城市还是农村，文化创意产业发展都不能脱离文化资源、社会资本、资金流动和市场需求这四个基本要素。文化资源是文化创意产业存在和发展的基础，社会资本是政府和社会为了一个组织的相互利益而采取的一致行动[①]，资金和市场是任何一种产业发展不可或缺的条件。文化创意与农业融合发展，需要以深厚的文化资源为底蕴，良好的政策环境为基础，众多充满活力的艺术家为依托，广阔的文化创意消费市场为前提，才能实现有序可持续的发展。[②] 文化创意与农业融合发展是文化资源通过创意开发向市场价值转化的过程，在这个过程的起点上，最为重要的莫过于找到融合发展的驱动力。

一、融合发展的驱动力类型

（一）资源转化型

资源转化型是按市场经济原则整合农村文化资源，通过产业化运作，发挥文化与经济协同效应的文化创意与农业融合发展方式。农村文化资源分为人文与自然两种。人文资源包括农业知识、劳动技术、生活习惯、民俗风情等。自然资源包括气候环境、自然景观、特色建筑、野生动植物等。这些资源都可以成为产业发展的基

---

① 黄志斌．绿色和谐管理论：生态时代的管理哲学［M］．北京：中国社会科学出版社，2004.

② KEITH B，RON G，IAN S. Cultural industries，cultural clusters and the city：the example of natural history film-making in Bristol［J］.Geoforum，2002（33）：165-177.

础，辅以创意开发和创新机制体制的引领，就可以实现向产业项目的转化。

山东省潍坊市的杨家埠村拥有500年民间艺人世代相传的手工风筝扎制和木版年画绘制技艺，是中国手艺风筝品牌的代名词，是中国三大木版年画产地（其他两处是天津杨柳青、苏州桃花坞）中发展最好的一处。利用风筝扎制技艺和木版年画艺术的资源优势，当地政府、企业与农民共同兴建了杨家埠民间艺术大观园，鼓励民间艺人开设风筝作坊和年画画坊，生产特色鲜明的民俗文化产品。并通过特色建筑与自然景观的有机结合，修建了明清古建筑一条街，同时大力改善交通和服务设施，使杨家埠成为山东“千里民俗旅游线”上的重要景点。如今，这个只有320户、1142口人，辖地18.2平方千米的小村庄是国家4A级旅游景区，已经成为蜚声中外的特色民俗文化旅游村。杨家埠通过优秀的民俗文化与旅游资源的整合推动产业升级，给农村文化创意产业发展路径选择以有益的启示。

（二）政府主导型

政府主导型是由政府首先在农村建立产业发展所需的基础设施，提供土地、税收、劳动力和法制保障等优惠措施，然后通过招商活动吸引投资，针对农村传统产业进行创意开发和技术整合，催生新型业态，延伸产业链的文化创意与农业融合发展方式。

安塞是地处黄土高原腹地的典型的农业大县，是中华人民共和国文化和旅游部命名的民间绘画之乡、剪纸之乡、腰鼓之乡，是陕北黄土风情旅游景点之一。近年来，安塞当地政府对县、乡、村三级文化基础设施进行了全面改造，动员全社会力量参与，在全县上下形成了政府重视、部门实施、群众参与的良好氛围，并相继出台各种优惠政策吸引外来资金投资当地文化旅游产业。在产业管理上，安塞腰鼓演出活动由专业演出公司按市场化模式运作，形成了地方和企业互惠互利的双赢局面，既带来了不可小觑的经济收入，又使安塞声名远扬。在此基础上，安塞进一步开发革命圣地延安“红色旅游”项目，衍生出剪纸、腰鼓、农民画三个系列30多种文化旅游产品，其中剪纸影集、个性化邮票、文化衫等系列产品深受游客青睐。[①] 安塞不仅走出了一条独特的农村文化创意产业发展道路，还提供

① 周建东，马玉娥．让文化“软实力”成为经济社会“硬支撑”［N］．延安日报，2010-07-17.

了一种保护和发展民间艺术和传统文化的产业运作方式。

（三）资金推动型

资金推动型是投资者依据地区基础条件和资源要素的评估和判断，选定投资项目，通过资金合理筹集、投入和分配带动相关产业发展，并依据消费需求不断拓展产品市场的发展方式。在此过程中，产业经营主体会主动寻求与地方政府合作，目的是在政府的支持下不断壮大产业规模，提升产业整体价值。

横店是浙江省东阳市的一个小镇，现在已经成为亚洲规模最大的影视拍摄和生产基地，而且建设有国家 4A 级旅游景区，被誉为"中国好莱坞"。横店影视旅游产业的发展历程实际上也是横店集团从一个小型乡镇丝厂发展成大型企业集团的过程。具有文化经营意识的横店集团领导层从 1996 年开始，吸收募集资金 30 多亿元人民币陆续兴建了 13 个影视拍摄基地和多个现代化大型摄影棚。影视基地吸引了许多著名导演和演员来此拍摄影视作品，明星效应带来大量资金流入使影视基地规模日益壮大。截至 2006 年 6 月，横店累计接待国内外 400 多个剧组共拍摄 10000 多集影视剧，中国 1/3 的古装剧在此拍摄。[①] 近年来，横店集团又把影视与旅游有机地结合起来，通过市场化运作手段拓展产业发展空间，衍生产业价值。横店的发展不仅带动了周边几万农民脱贫致富，而且改变了农民传统的思想观念，推进了农业现代化和农村城市化进程。从横店文化创意产业的规模经营和特色经营中不难看出，资金作为一种主要驱动力贯穿产业发展的整个过程。

（四）需求引发型

需求引发型是以城乡之间资源禀赋、收入水平和消费观念的差异为诱因，在市场需求与价格机制的相互作用下自发形成的农村文化创意产业发展方式。这种产业发展态势与前景并不明朗，没有过多的政策支持或干预，也没有大量资金注入，处于依靠市场调节，自由发展的状态。

近年来，我国许多城市近郊都出现了"农家乐"乡村休闲娱乐项目。工作压力大和快节奏的生活使城市居民渴望回归自然从而获得身心放松和精神愉悦，私

---

① 袁亚平．千景万色看不尽：浙江横店影视产业实验区发展纪实［N］．人民日报，2009-06-24.

家车的普及和消费能力的提高使城市居民在节假日享受田园生活成为可能。毗邻市区的农村凭借交通方便的区位优势和得天独厚的自然资源优势，利用农家庭院、果园、花圃等农业基础设施和当地民风民俗，开发了集观光、餐饮、购物、休闲、娱乐为一体的消费项目。由于这些消费项目大都是就地取材，成本投入极低，相比其他城市休闲度假项目具有明显的价格优势，因此发展迅速。在自然环境较好，有特色产品（如本地果蔬、花卉、特色饮食和民俗活动等）的地区，其发展更加火爆。"农家乐"的发展是城乡互动的桥梁，带给农民的不仅仅是物质上的收入，还有产品信息、项目信息和市场信息，这促进了农村经济发展和产业结构调整，城乡居民思想观念的交融，也更新着农村社会面貌。

二、融合发展的驱动力选择

产业融合发展的驱动力类型分析结果表明，文化创意与农业融合发展的首要任务是全面盘点和认真梳理当地资源要素，选择恰当的发展突破口。我国地域辽阔，农村资源禀赋差异大，如果不考虑区域特点而盲目跟风、相互攀比和重复建设，必然会带来发展思路单一、产业结构雷同、区域特色不鲜明等问题。① 因此，文化创意与农业融合发展应该在立足自身资源和优势条件的基础上遵循以下原则。

（一）适宜原则

文化创意与农业融合发展的驱动力来源于区域资源要素禀赋，资源要素禀赋直接制约着区域文化创意产业布局和发展领域。资源转化型的重点是文化资源的产业化开发，产业内容与文化资源内涵必须一脉相承。政府主导型凸显政府意志对产业发展的调控，产业发展方向和发展方式有清晰的规划指引。资金推动型体现着投资人趋利倾向和资金周转特性，产业规模与资金流量存在相应的比例关系。需求引发型是市场发挥其资源配置能力的结果，其产业发展具有不确定性。综合来看，文化创意与农业融合发展的驱动力的选择实质上是资源要素禀赋现实条件的选择。我国广大农村经济社会差异化明显，在产业发展方式和产业内容上不能生搬硬套或模仿复制，而应该以本地优势资源为依托，以提升产业发展质量和效

---

① 张振鹏．文化创意产业的中国特性和中国道路［J］．经济问题探索，2011（11）．

率为重点，选择与区域自然和社会条件相匹配的发展路径。

（二）系统原则

尽管文化资源、社会资本、资金流动和市场需求要素在文化创意与农业融合发展过程中扮演着不同的角色，但这四个要素在发展实践中缺一不可。系统思想指出任何要素一旦离开系统整体，就不再具有它在系统中所能发挥的功能。系统的本质属性是要素的整体性、关联性、层次性和统一性，系统最优化是系统管理的核心问题。[①] 农村文化基础设施、经济环境、创意人才和现代经营理念的欠缺，导致农村文化资源开发不足、效益不高、产业化程度低；文化产品缺乏技术含量和创意元素，难以产出文化精品，形成文化品牌。文化创意与农业融合发展的主要手段是整合，即充分梳理和挖掘当地文化资源，找寻文化资源产业化恰当的突破口；争取政府政策资源，为产业化创造良好的制度环境；建立科学的财政投入和税收管理体系，吸引金融、企业、资本市场和社会资金等多元投资主体进入产业领域；尊重市场，研究市场，在产品创新升级中不断拓展市场。文化创意与农业融合发展是一个系统问题，需要整合所有可以使用的发展要素，促进产业整体价值的提升。

（三）权变原则

发展本身就是变化的过程，社会环境的复杂多变也是客观事实，文化创意与农业融合发展过程中必然要面对产业系统内外部和各子系统之间关系的变化。权变理论强调管理决策要根据组织所处的内外部条件相应的关系类型和结构类型而灵活应对，针对不同的具体条件寻求不同的适合的模式、方案或方法。[②] 在资源转化型和需求引发型发展路径的开始阶段，政策和资金并不是产业发展的主要推动力，但是当产业发展规模化效应显现，政策和资金会逐步进入产业领域，并成为产业成长的加速器。在以政策和资金为主要推手的发展路径初期，文化资源的开发是试探性的，市场需求处于懵懂阶段，政策和资金具有产业发展的绝对主导

① BERTALANFFY L V. General System Theory：Foundations，Development，Applications［M］. New York：George Braziller，1976.

② 明茨伯格 . 管理工作的本质［M］. 梅萍，等，译 . 北京：中国人民大学出版社，2007.

作用，而一旦文化资源的产业化得到市场的积极响应，产品创新和市场拓展将成为产业发展的重点。由此可见，把握权变原则，坚持一切从实际出发，具体问题具体分析，根据产业发展环境和资源要素禀赋演进关系采用相应并适合的发展路径，是文化创意与农业融合可持续发展的保障。

发展驱动力的合理选择和有效利用，是文化创意与农业融合发展起步阶段必须面对和解决的首要问题。找准发展切入点能够降低产业萌生期可能出现的时间和资源浪费，保证产业发展效率和质量，为产业向纵深发展奠定良好的基础。文化创意与农业融合发展不是微观层面的单一产业发展对策问题，目前也还没有达到探讨宏观战略的时候，把它当作中观层面的区域经济问题看待是比较符合实际的。区域经济是一定区域内经济发展的内部因素与外部条件相互作用的组织系统。文化创意产业本身内涵丰富，产业门类多样，把它放在农村这个区域范围内发展，必然需要众多特定产业主体通过分工合作紧密联系在一起。

第二节 文化创意与农业融合发展组织系统

文化创意与农业融合发展的产业组织是以农村为区域中心，相关产业主体根据不同元素存在的共同性和生产经营能力的差异性选择形成的产业空间集聚形式。新产业组织理论认为产业主体不是被动地对给定的外部条件做出反应，而是试图以策略行为改变产业结构和市场环境，通过整合产业组织内部和外部的多重复杂关系，从而决定产业组织类型和产业组织系统结构。[①] 文化创意与农业融合发展不局限于某种具体的产业形式，而是具有明确任务结构的一系列相关产业的集合体，产业集合体内部结构关系的体现就是产业组织系统。

一、文化创意与农业融合发展的系统结构

文化创意与农业融合发展的组织系统构成有两个主导因素，即文化和创意。文化具有扩散性，是产业组织系统形成的基础，它为农村文化创意产品提供精神内涵，而且能够渗透到多种产业结构中，包括农业生产和生活方式，并在产业化进程中形成产业组织文化。Thomas L.Friedman 在描述全球化浪潮的种种景象时特别强调了创意对于经济社会发展的价值。创意不仅仅是精神层面的思维活动，而且能够催生新产品、新市场，新机会，[②] 驱动相关产业融合，延长产业价值链，进而形成由多个产业主体构成的产业组织系统。

---

① TIROLE J. The Theory of Industrial Organization [M] .Boston：MIT Press，1988.

② FRIEDMAN T L. The World Is Flat：A Brief History of the Twenty-first Century [M] . New York：Picador USA，2007.

文化创意与农业融合发展的组织系统是运用创意方法对农村文化资源、农产品、社会资本、农业生产和文化艺术等活动的整合与开发，与市场需求形成互动效应的一种适应农村经济社会特征的新型产业组织结构形态。文化创意与农业融合发展的组织系统由核心产业、关联产业、衍生产业和辅助产业四大产业群体组成，其中核心产业是整个产业组织系统的起点，是以具有地域文化特色的农产品和农业园区为载体，借助优秀的创意开发的创新性的农业生产活动；关联产业是为产业组织系统创设优秀发展环境、营造怡人氛围的产业群体，涵盖餐饮、旅游、演艺、娱乐、服务业等；衍生产业是在前两大产业群体基础上有可能衍生出的所有产业，是文化创意与农业融合发展的组织系统规模的直接反映，也是产业主体创造力的现实体现；辅助产业是整个产业系统的支撑力量，是产业系统顺畅运行的重要保障，主要包括金融、设计、媒体、会展、物流等产业，如图 4-1 所示。

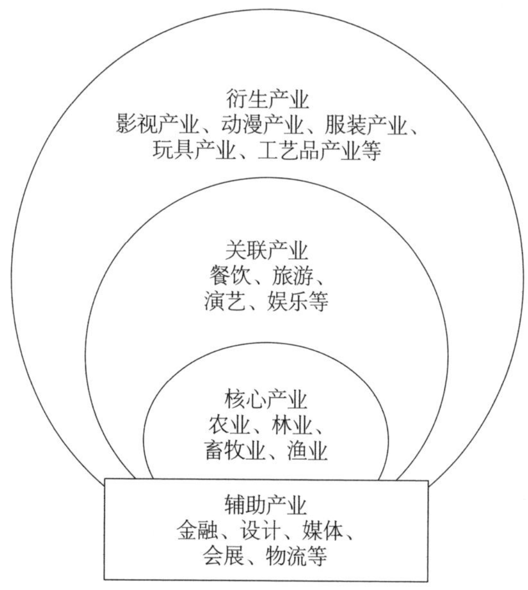

图 4-1 文化创意与农业融合发展的组织系统图

文化创意与农业融合发展的组织系统四大产业群体在运行过程中相互依存，相互渗透，共同成长。罗默的内生增长理论认为：对于任何一个经济系统而言，重要的是具备一种使新创意能产生或使用的机制。[①] 创意作为产业组织系统运行

① 查尔斯·I. 琼斯 . 经济增长导论［M］. 舒元，等，译 . 北京：北京大学出版社，2002.

的驱动力，为传统的功能单一的农产品带来高附加值，并促成产品价值转移，原生态的农村文化资源经过产业运营甚至可以成为现代时尚符号。产业领域的跨界融合，高科技手段的广泛应用，现代经营模式的运作赋予传统产业新的元素和功能，吸引越来越多的产业主体进入产业组织系统，逐步形成一条完整的并且不断延展的产业链，把文化创意与农业融合发展成果推广到更为广阔的经济社会领域。

二、文化创意与农业融合发展的组织系统演进

依据生命周期理论，任何经济组织都不是静止不变的，文化创意与农业融合发展的组织系统同样要经历产生、发展、繁荣和衰落的动态演进过程。在产业组织系统生命周期的不同阶段，要素投入、产出规模和市场需求会发生不同变化，产业收益率会有起伏，从而影响产业组织系统的演进方向。文化创意与农业融合发展的组织系统是自然、经济、社会交互作用的产物，其中环境、市场、政策、知识是主要的影响因素，分别通过不同的方式途径，在不同程度上影响产业组织系统的演进过程。

（一）影响因素

1. 环境

文化创意与农业融合发展组织系统的形成与演进不可能脱离当地自然环境、传统文化和基础设施等环境因素。不同地区的自然环境特点决定当地优势产业类型，传统文化环境决定产业组织系统内部协作关系的紧密程度和专业化分工的社会基础，基础设施环境影响产业组织系统形成的效率和发展的质量。正如道格拉斯·诺斯（Douglass C.North）所说的："非正规约束在制度的渐进演进方式中起重要作用，是路径依赖性的来源。"[①] 农村经济社会多年来占据主导地位的特色产业，具有地方特色的传统文化和商业传统，以及区位特征都会反映在文化创意与农业融合发展的路径选择上，从而影响到产业组织系统的成长和发展。

① NORTH D C. Structure and Change in Economic History［M］. New York：W.W. Norton & Company，1983.

2. 市场

经济组织通常将利润最大化作为重要的发展目标，利润的来源是市场，只有充足的市场需求才能为经济组织带来现实利益，因此文化创意与农业融合发展组织系统的形成和演进，归根结底源于市场需求的导引。德国学者杜能（J.H.vonThunen）提出的农业区位理论说明一个区域的农业布局尽管存在不同的结构和方向，但市场需求才是造成区域增长差异的主要因素。① 市场需求决定经济活动的价值，决定产业存在的必要性。文化创意与农业融合发展的组织系统为市场供给的全部产品得到的市场响应程度，体现市场需求量的变化，这直接影响着产业组织系统演进方向和产业结构的调整。

3. 政策

政策是政府对产业主体市场行为的规制以保障市场经济公平有序的制度安排。如前文所述，在政府主导型的文化创意与农业融合发展模式中，政府政策在产业形成和发展过程中扮演着重要角色。尽管依靠市场力量自发形成的文化创意与农业融合发展组织系统在起步阶段并没有直接受惠于政策因素，但产业发展初具规模并显现出可观的经济社会效应之后，政策将成为产业进一步发展的主要激励动力，尤其是政府主导的基础设施建设和外部环境的优化能够助推产业组织系统加速运行。同时，政策能够影响产业组织战略目标、成长方式、产品和市场策略的选择，以及产业组织系统内外部关系结构。

4. 知识

英国经济学家阿尔弗雷德·马歇尔（Alfred Marshall）指出知识是强有力的生产推进器，它能够征服自然，满足需要。② 在文化创意与农业融合发展组织系统演进过程中，知识同样扮演着重要角色，尤其是与产业内容相关的特定知识。这些特定知识是指经过长期积累沉淀的、被产业组织所掌握的、与产业运营活动有关的技术、工艺、经验、方法等隐性知识。这些特定知识大都在文化创意与农业融合发展组织系统内部产生和扩散，在空间上高度集中，产业组织在特定区域内的合作与交流逐渐实现知识资源的共享。知识的积累和外溢在增强产业发展能力

---

① 约翰·冯·杜能．孤立国同农业和国民经济的关系［M］．吴衡康，译．北京：商务印书馆，1997.

② MARSHALL A. Money，Credit and Commerce［M］.New York：Prometheus Books，2003.

的同时，也为产业组织系统演进提供新的动力和技术支撑。

（二）演进方向

文化创意与农业融合发展组织系统的影响因素具有动态特征，这些因素的活跃程度与产业发展活力正相关，并促进产业组织系统内部经济秩序调整和产业结构升级，由此推动整个产业组织系统演进，其演进大体包括以下四个方向。

1. 构筑文化创意产业链

文化创意产业链是指包括内容创意、生产制造、营销推广、传播分销和消费交换在内的价值链环节，通过价值创造、价值开发、价值捕捉、价值挖掘、价值实现以达到价值最大化的价值锻造过程，形成一次投入、多次产出的价值转化机制。① 在文化创意与农业融合发展组织系统中，每个产业主体都有各自的定位，并与其他产业主体密切关联。产业主体之间基于长期协作建立的信任基础，可以降低整个产业组织系统的交易成本。当产业组织系统内部各产业主体之间的竞争与互利关系达到平衡，就能在一定的时间内保持相当稳定的空间聚集。通过资源整合，产业组织系统对外保持统一品牌形象、产品质量标准和区域营销战略，内部产业主体实现专业化分工和协作，由此逐步形成相对完整的产业链。

2. 重构社会形态

马克思主义哲学认为，社会形态是社会经济结构、政治结构、文化结构的统一体。文化创意与农业融合发展根植于本地特定的文化资源，与特定区域的社会关系有机结合，产业的发展会吸引更多的资源要素不断进入产业组织系统，因此产业演进必然与当地经济、政策导向和社会文化呈现出相互促进，协同发展的态势。文化创意产品具有商品与意识形态双重属性，在创造经济效益的同时满足人们的精神需求。随着文化消费需求的扩大，文化内涵和创意精神逐渐渗透到产业组织系统中的所有产业门类和农村社会生活的各个领域。文化创意从业者的地方集聚与扩散影响着日常生活行为和社会文化，促使社会阶层的分化与创意阶层的出现，为多元化的社会关系的重构奠定了社会基础。

3. 区域扩展

文化创意与农业融合发展组织系统发展初期主要依赖当地资源，在一定程度

---

① 厉无畏 . 创意改变中国［M］. 北京：新华出版社，2009.

上处于封闭状态。当产业组织系统进入成长期和成熟期，区域内土地、劳动力等成本会随着产业组织系统内产业主体的竞争加剧和资源的减少而上升，产业主体利润率下降。与此同时，产业组织系统与外部信息、人才、资金等交往日益增多，其封闭状态逐渐被打破，一部分产业主体出于竞争和成本的考虑，必然会寻求向区域外扩展。由于产业组织系统已经具备的规模效应和产业主体之间相互关系的牵引，这些向外扩展的产业主体并不会脱离产业组织系统，反而会将更多的外部资源引入本区域，提升区域产业竞争力，并扩大本区域的外部影响力。

4. 国际化

当今时代，全球化进程推动世界市场的形成，文化创意与农业融合发展除了与本区域和国内市场发生联系，不可避免地与世界市场联系在一起。具有独特魅力和世界文化认同感的农村文化创意产品一旦获得世界市场响应，该区域农村文化创意产业的国际化进程就拉开了序幕，从资源配置、制度安排、人才团队到经营方式等方面的优化都将按照国际化的标准来完成。市场需求规模大大增加，产业发展速度大大加快，从而推动文化创意与农业融合发展组织系统加速自我完善，成为富有中国特色和时代特征的文化符号、文化标志和文化品牌。

第三节　文化创意与农业融合发展机制

文化创意与农业融合发展是社会经济环境中的相关因素与产业相互影响相互作用的结果。政策作为一种调节参与人行为关系的规则，是影响经济绩效、推动经济增长的决定性因素。政府通过公共政策干预市场运作，弥补市场缺陷，更有效地配置资源。[①] 文化创意与农业融合发展是农村经济社会发展进程中的一种新经济现象，政府必须运用理性干预力量超前性引导产业发展所需的基础设施和服务设施建设，弥补资源供给不足的瓶颈，确保产业供给与需求达到均衡，为文化创意与农业融合发展提供制度保障。

一、优化环境，完善政策支持体系

营造良好的文化创意与农业融合发展环境，需要建立完善的政策、资金、技术、物流、信息等支持体系。地方政府应当发挥行政管理职能，创设有利于文化创意与农业融合发展组织系统形成和发展的政策、法律和市场环境和优越的投融资环境，鼓励和吸引各级金融机构和民间资本进入产业发展领域。充分利用技术服务机构，吸引高校、科研院所和相关企业的共性技术、关键技术和核心技术提升产业创新能力。建设现代化农村物流体系，培育专业化物流市场，构筑文化创意与农业融合发展组织系统联合采购、集中管理、统一配送、分散经营的物流管理模式。充分利用信息化、互联网等手段，对区域内产业主体提供相关产品、市场、技术、行业发展动态等信息，对外加大宣传力度，提高产业知名度。另外，

① 孙亚忠．论我国政府职能界阈和结构的调整及优化［J］．南京社会科学，2007（7）．

建立投资咨询、资产评估、产权交易、信用担保、会计审计、法律服务等社会中介服务体系，为文化创意与农业融合发展提供全方位服务。①

二、规范发展，形成产业内生机制

任何一种产业都有自身的发展规律和独特的成长模式，内生机制是产业实现可持续发展的原动力。没有按照生产、流通、销售、消费这样一个循环去生产产品，就不算是产业；靠政府财力不断注入资金这样一种外部力量维持生产链条的连续，也不能算是一个产业。② 政府在文化创意与农业融合发展中不应充当市场机制替代者的角色，而应该成为市场机制的补充者。政府应充分发挥预见性和指导性作用，通过宏观调控，政策扶持，把行政性的资源配置体系转化为市场化的资源配置体系，致力于文化创意与农业融合发展内生机制的形成。文化强调个性化，大规模克隆的文化产品会让消费者产生审美疲劳，创意十足的文化产品所蕴含的独特艺术品质和时尚品质，是文化创意产业竞争力的主要来源。市场认知度高的文化创意产品通常是创意策划、技术制作、管理协调、推广传播、商品销售等各方合作的产物。因此，通过专业化的分工和产业群体的协作提高产业经营效率，保障产业组织系统运转顺畅，由此构筑上下联动、左右衔接、一次投入、多次产出的完整高效的产业链，是文化创意与农业融合健康发展的理性选择。

三、培育品牌，增强产业核心竞争力

品牌是文化创意与农业融合发展核心竞争力的集中体现，是资源配置、产业经营、内涵提升和营销扩展能力的综合反映。区域的资源禀赋决定农村文化品牌形成的基本方向和途径，得天独厚的自然资源和人文资源所蕴含的巨大潜力是品牌形成的基础，因此对文化资源的盘点、保护和开发就成为品牌管理的首要环节。产业经营是以市场为导向将资源品牌转化为产品品牌的过程，有效合理的产业化使地域文化内容更加丰富，特色更加鲜明，是品牌培育的必要环节。品牌的影响

① 张振鹏．我国农村文化创意产业发展初探［J］．华东经济管理，2013（2）．

② 张曾芳，张龙平．论文化产业及其运作规律［J］．中国社会科学，2002（2）．

力在于其文化附加值，人们追求品牌就是享受文化附加值所带来的亲身体验、审美品位和身份地位的象征。增加文化附加值的重要途径是提升品牌内涵，提升品牌内涵的主要方法是创新，创新是品牌的精髓，可以保证品牌的独特性，因此不断更新和充实产品文化内涵是农村文化品牌管理的核心环节。营销扩展是文化品牌的传播推广环节，政府可以通过组织大型宣传活动和会展活动塑造区域形象，实施区域营销战略，发挥品牌效应，营造市场优势，提高农村文化企业和产品的知名度和影响力，增强文化创意与农业融合发展的核心竞争力和可持续发展能力。

四、开拓思路，提升人力资源质量

文化创意与农业融合发展是农民的思想观念潜移默化的过程，也是农村社会面貌日新月异的过程。农民是农村人力资源的主要构成，也是农村经济社会建设的主导力量，采取有效措施调动农民的创造性和积极性，激励农民在文化创意与农业融合发展中发挥重要作用，是全面更新农村社会面貌的有效手段。农村从不缺少优秀的民间艺术家和创意人才，农民有发展文化的能力，完全可以成为农村文化的建设者和受益者。政府应该建立多层次、多渠道的适应农村现代化需要的培训机制。全面创新农村实用人才培养目标、教育体制、教育内容及教育方式，除了为农民提供新技能，更重要的是使农民具备现代化的科学文化素质、开放化的思维意识、市场化的竞争观念。另外，建立高素质人才参与农村文化创意产业的激励机制，对返乡创业者给予实质性的支持，尤其是吸引和培养有兴趣的青年大学生成为新型农民。人力资源质量的提升，为文化创意与农业融合发展提供智力和技术支持，也为产业创新提供源源不竭的动力。

农村经济社会建设是我国现代化进程中的重要环节，是政治、经济、文化、社会和谐发展的必然趋势。文化创意产业是文化创意经济时代的产物，是依靠人的创意，借助高科技对文化资源进行价值提升和创造的产业形式。文化创意与农业融合发展有助于重树农村的整体形象，增强农村的吸引力和创造力，赋予农村经济社会持续发展的驱动力，相信文化创意与农业融合发展的成果必将成为我国乡村振兴战略实施过程中一道亮丽的风景线。

第五章

“文化创意 +”农业融合发展管理

“文化创意 +”农业融合发展属于新兴交叉领域，产业内容多样、关联度高、波及效应显著，并且涉及多个利益相关方，组织或市场关系具有特殊性与复杂性。从宏观层面完善政策法规与组织保障，中观层面完善市场体系与要素配置，微观层面完善商业模式与精益管理，建立相关各方有效的沟通、分工、协作及利益共享与风险共担机制，维护良好的市场环境，形成有序运行的产业组织系统，才会真正促进“文化创意 +”农业融合的持续发展。

第一节 宏观层面：政策法规与组织保障

一、乡村文化发展理念

乡村不同于城市，与自然之间的关系更为亲近。乡村文化相比城市文化，少了人工雕琢和粉饰的痕迹，是生态和人文的直接结合，体现着人类面对大自然时一种淳朴的创造性。正是乡村文化的淳朴和原始的自然景观从古至今一直牵引着人们心中的向往之情，在中国和欧洲古典文学中占有一席之地的田园诗派就是佐证[①]，近年来发展势头迅猛的乡村旅游业也是现代人渴望回归自然生态的内在需求的体现。农耕文明对中国社会和传统文化影响深远，曾在中国居留五十余年的美国传教士亚瑟·H. 史密斯（Arthur Henderson Smith）说过："在乡村比在城市更易于了解中国人的生活知识，必须把乡村看作是中国社会生活的一个基本单位。"[②]城镇化发展不可避免地要改变乡村的经济社会形态，身处这一变革中的乡村文化的命运牢牢地与变革推动者的文化发展观念维系在一起。

乡村文化的自然生态需要保护，但文化保护并不意味着维持现状和止步不前，其最终目的是发展。发展要面向未来，文化保护就应该找到尊重文化自然属性的、面向未来与传承过去相结合的最佳方式，对于乡村文化的保护无疑就是找到这种

① 田园诗派是中国古代诗歌的一个流派，代表人物为东晋诗人陶渊明、唐代诗人孟浩然、王维等。欧洲田园诗是忒俄克里托斯（公元前 310—245）首创，对后世欧洲带有贵族倾向的诗歌有很大的影响。

② 亚瑟·H. 史密斯 . 中国人德行［M］. 张梦阳，王丽娟，译 . 北京：新世界出版社，2005.

方式。在 GDP 主义支配下[①]，发展乡村文化会增加地方政府经济建设的显性成本用于文化的财政投入以及人才输送，因此很难受到重视，而一些财政捉襟见肘的地方政府能够提供的文化设施非常有限。由文化事业单位和公益机构承办的“送文化下乡”活动，“赠予者”与“受赠者”地位的不平等使文化供给与需求的均衡难以实现，对激活乡村文化内生性发展动力来说无异于隔靴搔痒。许多乡村自办的文化设施和形式，由于资金来源和自身能力的约束，发展也是举步维艰。乡村文化发展似乎陷入了困局，要找到脱困之策，显然应该另辟蹊径。城镇化的本质是通过调整产业结构和就业结构，创造现代化的生产方式和生活方式，其核心问题是产业发展方式的选择。在城镇化发展背景下，传统的乡村文化与现代产业形式结合在一起寻求共同发展是必然趋势。

文化的经济功能自从被发掘以来，与实体经济的结合越来越紧密，其物化价值的创造力也在不断拓展。乡村文化也不例外，多种以乡村文化元素为开发对象的产业形式对区域经济的贡献有目共睹，因此，借助现代产业化方式促进乡村文化发展成为区域发展观念的主流意识，很多人以为乡村文化就此找到了融入现代文明最有效和快捷的路径，并寄望于产业化所积累的物质财富会反哺乡村文化的保护。但是这种愿望受制于两个条件：一是产业化既得利益者的良知；二是被产业化开发之后的乡村文化资源是否还完整如初。从目前乡村文化的产业化发展状况来看，大都是以文化与自然资源为卖点，简单、粗放式的产业化手段为途径迎合消费者需求，其产业类型也不过是手工艺品、特色服饰及纪念品制造和销售、民俗民间风情演艺、休闲和观光旅游等。产业作为经济学意义上的术语，总体上是以盈利为导向的，对文化资源的开发和利用基本上按照市场喜好来甄选和加工，只有那些有产业化价值和容易被产业化的文化资源才可能进入“生产线”，而另外那些被丢弃在“产业化”大门外的文化资源，很可能会在商业意识主导下被贴上“无价值”的标签逐渐被人遗忘。而事实恰恰相反，在市场交易中可以用金钱衡量或诉诸个人效用的经济价值不能涵盖或替代审美价值、艺术价值或者更为宽泛意义上的文化价值，高文化价值有可能与低经济价值相联系，反之亦然。例如，古代的手工作坊遗迹如果用于考古

① GDP 主义是指一个国家的经济发展和增长主要以 GDP 来衡量，让 GDP 成为其国家发展和增长的最主要政策根源。GDP 是国内生产总值（Gross Domestic Product）的缩写，是指一个国家或地区范围内的所有常住单位，在一定时期内生产最终产品和提供劳务价值的总和。

则具有重要的文化价值，但作为资产则不具有太多市场价值；许多在民间口口相传的技艺、民族民间的传统风俗习惯、以地缘关系为纽带的代际相承的价值观念等以精神为实质内容的乡村文化，很难以物化商品形态换取市场价值认同，但正是它们铸就了乡村文化的根基，塑造了乡村文化的灵魂。依靠产业化思路发展乡村文化，必然有"得"有"失"，所"得"是眼前的利益，所"失"则正是获取这些利益的本源；而一旦源头枯竭，这些利益很快会化为乌有，利益消失必然导致产业主体选择退出，过度依赖产业化为发展助力的乡村文化也很可能就此荒芜。由此可见，那种以为只要实现了产业化，乡村文化发展就会一劳永逸的观念，在以经济增长为根本目的所建构起来的现实规则面前显得有些乐观和单纯了。

反思并不一定意味着在立场上的反对，更多时候恰恰是一种建立在深层次冷静思考基础上的支持，乡村文化发展观念就需要在反思中更新和完善。产业化符合当前乡村文化发展需要这一事实毋庸置疑，但在实践领域中绝不能以自由放任的态度让产业化完全主宰文化资源的命运。有学者称："文化产业是一种产业，必须按照产业规律运营。"这种说法凸显的是产业特性的作用，但忽略了一个事实：文化产业赖以为生的命脉是文化资源，如果没有文化资源，文化产业就像是"无源之水，无本之木"。文化资源的产业化开发包含了文化行为和经济行为两种内在逻辑关系非常清晰的行为过程，文化行为属于整个产业组织系统的先发过程，而作为后发行为的经济行为如果强行改变既有的逻辑，文化资源就会沦为经济利益裹挟的工具，两种行为建立起来的关系最终难逃瓦解的厄运。另外，文化行为强调一种有序性，而经济行为则会在利益牵引下呈现出无序状态，让"无序"主导"有序"的结果必然是秩序混乱。因此乡村文化的产业化过程需要平衡好文化与产业之间的发展关系，文化是激活产业发展动力的创造过程，产业化是对文化的一种再认识、再研究、再开发、再利用、再创新的重生过程。[①] 文化与产业能够结合在一起是基于两者利益诉求的共同点，即谋求发展。产业迫于市场法则中优胜劣汰的压力，追逐利益的快速实现是一种本能反应，但实现"利益最大化"才是产业崇尚的最高标准。现实利益的绝对数量通常与时间的相对长度呈正比例关系，这就促使产业将"可持续发展"当作目标，而就在这一点上，产业发展目标与文化发展的根本目的高度契合。综上所述，在文化与经济趋向深度融合的时代，城镇化进程中的乡村文化走产业化发展

① 宋暖．非物质文化遗产产业化传承有关问题的探讨［J］．东岳论丛，2013（2）．

道路既是必然的也是理性的选择，相关各方都能树立“关注共同长远利益，建立协同发展机制”的基本观念，是文化发展与产业发展实现共赢的基础。

二、乡村文化保护与传承发展方式

文化产业需要以文化资源赖以为生的环境为基础，以广阔的文化消费市场为前提，以恰当的政策支持为依托，才可能使产业进入良性发展态势。[①] 因此，乡村文化产业化的重点就在于乡村文化资源的产业化开发、文化产品市场的培育和有效的制度设计。中国幅员辽阔，资源禀赋的不同决定了乡村文化的产业化发展模式不可能完全一致，但是有些策略是可以通用的，这也是保障发展质量的先决条件。

（一）乡村文化资源的产业化开发——保护文化的真实性

不同地域的乡村文化存在较大差异，这为乡村文化产业实现特色化发展奠定了基础，而实现特色化发展的前提就是保护文化的真实性。Keith 等认为文化的真实性是人类文化——特别是那些比现代的西方消费文化更为传统且意味深长的文化——所具有的纯真和本原的品质。[②] 乡村文化之所以能够对城市人群和异质文化群体产生吸引力，在很大程度上源于这种“纯真和本原的品质”，这是文化特色的形成之源。产业化是利用人的创意对文化资源进行开发和生产的过程。有学者强调产业化手段的使用而忽视文化资源的基础性作用，认为“文化产业就是‘无中生有’，不是将已有的文化拿来产业化，而是在理解的基础上借鉴文化元素、创意故事和艺术表现形式产生出新的产品和设计等”。[③] 人对于事物的“理解”原本就是见仁见智，而且有时会无意间背离本质，这对文化的真实性会构成威胁。另外，产业化通常是采用现代大工业生产的方式，大工业生产线上的产品是大规模复制的结果，而复制的过程往往伴随特色的消解。文化特色是一种历史的积淀与延续，虽然随着历史和

---

① KEITH B，RON G，IAN S. Cultural industries，cultural clusters and the city：the example of natural history film-making in Bristol［J］. Geoforum，2002（3）.

② MACCANNELL D. The Tourist：A New Theory of the Leisure Class［M］. Berkeley：University of California Press，1999.

③ 陈少峰 . 文化的力量［M］. 北京：华文出版社，2013.

社会的变迁会发生变化，但其面貌始终是真实的。如果为了获得消费市场的认同而以生产者的"理解"进行产业化，对历史和文化是一种不敬，而缺乏真实感的文化产品对消费者也没有足够的尊重。有的地方曾经以模仿的方式将缩微景观移植到本地，如深圳的"世界之窗"和"锦绣中华"，在建成初期的确给人们的感官体验带来很大冲击，但信息科技的发展和经济水平的提高使人们有更多的机会和更多的方式能够接触到真实的景观，于是对"虚假"的仿制品就失去了兴趣。目前这两个主题公园依靠会展业、演艺业以及承办各种活动，试图维持昔日的繁荣，但好景不再。"无中生有"和"复制"出来的只能是商品，不可能是文化；只能是表面形式，不可能是精神实质。文化特色的唯一性就在于它只能融入真实性的文化元素，真实性是文化的内在品质，文化的历史性拒绝历时性的模仿。

近年来，有人标榜"文化造镇"的城镇化发展思路，宣称"不是说所有文化资源都有开发的价值，必须评估这些文化资源到底有多大的消费半径，重点从产业链的角度考量对现有文化资源的取舍"。[①] 这种说法正是前文阐述文化与产业的内在逻辑关系时所批驳的。城镇化不是一种简单的人为"创造"，更不是一种对文化和自然的改造，而是人类同文化生态与自然生态世界的一种和谐关系的建构。发展并不意味着废旧立新，而是在继承中的发扬和再创造的过程。无论是城镇化还是乡村文化的产业化，只有尊重和保持文化的真实性，在此基础上力图创新，其发展才具有可持续性。

（二）乡村文化产品市场的培育——注重消费体验的互动性

文化产品不同于一般商品，消费者除了关注产品的使用价值之外，更加看重使用产品或享受服务时体验到的心理感受和精神满足感。乡村文化与城市文化之间的差异，以及不同乡村文化之间的差异，引发了消费者体验不同感受的渴望。网络或书籍能够提供给人们的只是现实世界的进一步模仿和再现，与真实的文化场景隔离，是无法满足人们的体验需求的。"我们从小麦的滋味中尝不出种植小麦的人是俄国的农奴，法国的小农，还是英国的资本家"[②]，但置身于特定的环境中，却很容易辨识不同文化所赋予的不同感受，就像从一个人的相貌、语言、行为举止来判断他的国籍一样容易。这种特定的环境是文化与自然话语融合在一起的产物，这也是逐渐得到公众认同的环

---

① 李婧．文化何以打造新型城镇［N］．中国文化报，2013-06-08.

② 马克思．政治经济学批判［M］．徐坚，译．北京：人民出版社，1999.

境的定义，即文化 + 自然 = 环境。[①] 自然因文化而有灵气，景观因文化而有意义。例如，黄鹤楼、滕王阁等历史建筑是因传世名篇才吸引无数游客驻足，而现代兴建的豪华大剧院如果没有优秀的文化作品装点或优秀的剧目在其中演出，则仅仅是建筑物。乡村的自然风光给予消费者的是观感，而让消费者走进乡村生活，与当地人有更亲近的接触和交流，他们所得到的才是完整的印象深刻的体验。

注重消费体验的互动性不仅是市场的开发原则，对乡村文化发展本身也具有重要意义。乡村生活方式以开放的姿态和生动的形式进行展示，既会吸引消费者的目光，也会吸引被展示者的自我注视，并因此唤醒乡村文化记忆与文化创造力。在乡村文化展示中引入当地居民的参与，是本地的传统文化艺术和手工技艺复兴的契机，尤其是民间工艺品的手工创造，亲和了人与自然的关系，也亲和了人际关系，为乡村剩余劳动力提供了一条出路，也防止了机械化生产的商品会留给人呆板和无趣的印象，同时避免了人在实际生活中智慧与体能的下降。乡村文化相关事务的共同参与，也强化了乡村居民的集体身份感。另外，本地居民与异地消费者之间的互动，使得本土文化与异质文化的碰撞和交流成为可能，并在直面现代社会时重新审视自己，由此激活文化传统精神中蕴藏着的创造力。正如美国学者米哈里·契克森米哈（Mihaly Csikszentmihalyi）所说：“创造力并不是在人们的脑中发生，而是个人思维与社会文化互动的结果。”[②] 乡村居民除了从事农业生产，更多地参与到了文化活动和文化生产中，这样他们便拥有了更多的职业身份，这也契合了城镇化在人口身份方面的要求，使乡村居民无须通过地域迁徙完成向城镇居民的身份转变，通过乡村社会形态的变化就可以完成。

（三）乡村文化产业发展的制度安排——发挥文化与产业的协同性

协同（synergy）是指元素在整体发展运行过程中协调与合作的性质。结构元素协同的结果对事物整体而言，是个个获益，共同发展。在一个系统内，如果各种元素不能有效地协同，这样的系统必然会呈现无序状态，会因发挥不了整体性功能而终至瓦解。相反，如果系统中各种元素能够很好地协同，多种力量就会集

① MACNAGHTEN P. and Urry，J.Contested Natures［M］.London：Sage，1997.

② CSIKSZENTMIHALYI M. Creativity：The Psychology of Discovery and Invention［M］. New York：Harper Perennial，2009.

聚成一个总力量，形成大大超越原各自功能总和的新功能。[①] 乡村文化的产业化就是由文化与产业组成的整体系统，两者具有互动和同构关系，发挥协同性是各个元素功能及整个系统功能实现，并可以保证其稳定性和长效性的关键。

发挥文化与产业的协同性，需要在文化与产业双重约束条件下来生产文化价值，需要文化意识与产业意识的兼容并蓄。乡村居民面对现代生活方式，难以对自身的文化主体地位进行确认，对于文化价值与现代产业方式都缺乏足够的理解。作为发展重要主体的乡村居民，他们的文化意识和产业意识必须依靠政府和产业界来唤醒和传播。[②] 但是产业在现实利益的诱惑面前常常表现出非理性行为，有时为了眼前或局部利益而损害文化与产业所组成的系统的长期和整体利益，因此产业行为必须由相应的制度安排来做出规范。正式制度的提供者是政府，对文化与产业协同效应的发挥具有相当大的决定性作用，尤其是在乡村文化与现代产业两个地位完全不对等但又现实结合的情境中。政府做出有效制度安排的前提是对自己角色的正确定位，要明确自己既不是文化资源的所有者，也不是市场的参与者，更不是发展的既得利益者，任何时候和任何形式的角色错位都会造成发展秩序的混乱。在乡村文化的产业化发展中，政府应该充当的角色是规则的制定者和守护者，是争议的仲裁者和发展动力的激励者。任何规则具备可执行性都要以得到广泛认同的发展目标为基础。文化由人创造，人也是文化的体现物，人既是文化发展的主体，也是发展的对象，因此乡村居民积极性和创造性的发挥是文化获得自我突破、自我完善的前提。对于产业实践领域的从业者，公平有序的市场环境和恰当合理的政策支持是其利益来源的重要保障。乡村文化产业发展的制度安排应该以发挥文化与产业的协同性为基点，使人、自然、文化、经济、政治多元关系更加和谐，使发展融入一个良性循环的生态系统，并成为自下而上的民愿和自上而下的政府意志的完美结合。

三、"文化创意 +"农业融合发展的制度设计

"文化创意 +"农业融合发展产业作为促进现代城乡文明交融和共同进化的主

---

① HAKEN H，LEVI P. Synergetic Agents［M］.Hoboken：Wiley，2012.

② 张振鹏 . 新型城镇化中乡村文化的保护与传承之道［J］. 福建师范大学学报（哲学社会科学版），2013（6）.

要途径，其面临的核心问题是协调各利益群体的关系。而农村产业的发展是经济资源的再发现和分配机制再调整的过程，也要面对由于利益调整所引发的矛盾和体制问题。因此，"文化创意 +"农业融合发展，需要在建立和完善利益协调机制的基础上研究制定发展策略。

（一）明确产业相关利益主体的共同目标，促进各主体的合作共赢

"文化创意 +"农业融合发展的利益相关者的目标主要包括经济利益目标、社会文化目标和生态环境目标等。不同利益相关者对不同目标的关注程度存在差异，而且会随着环境的变化不断调整。例如，在产业发展初期，农村居民在追逐经济利益的同时也扮演着生态环境维护者的角色；而企业对生态环境目标的关注明显不足，只有环境问题影响到经济利益目标的实现时，企业才会转而成为环境维护和治理的主要力量。但产业利益相关者完全有可能在一定时期内拥有共同的目标。新制度经济学的代表人物约翰·肯尼思·加尔布雷思（John Kenneth Galbraith）在《经济学和公共目标》一书中批判了传统经济学以经济增长为中心目标的观点，提出了以关心人为标准的"公共目标"的观念，并指出"公众接受的计划目标"是"公共利益"和"公共需要"。① "文化创意 +"农业融合发展的利益相关者合作的基础是拥有明确的、能够得到群体识别并认同的公共目标。这一目标的达成很难依靠产业经营者的主动参与，而需要处于产业组织外围层的地方政府和行业协会发挥作用。地方政府是区域经济社会建设的资源分配者和市场秩序的调节者，行业协会负责企业和从业者行为的指导和监督。处在起步阶段的"文化创意 +"农业融合发展，需要政策和行政手段保障其平稳发展。应通过科学的规划和合理的制度安排，规范产业行为，将利益相关者各自的现实目标整合成为公共目标，使利益相关者将彼此之间的行为作为正外部条件，在实现自利的同时实现利他合作，引导利益相关者能够互惠、共赢，促成产业组织系统一体化结构的建立。

（二）充分发挥非正式制度在产业发展中的规范作用

明确公共目标是有意识地设计并创造行为规则的过程，属于正式制度范畴。而

① 约翰·肯尼思·加尔布雷思．经济学和公共目标［M］．于海生，译．北京：华夏文献出版社，2010.

非正式制度是人们在长期社会交往中逐步形成并得到广泛认可的、共同恪守的行为准则，主要包括伦理道德、传统文化、风俗习惯等。“正式制度通常必须由非正式制度加以补充和发展，两者共同决定经济绩效。”[①] 与生产活动和财富积累有关的价值观念是决定经济发展方向和程度的主要因素，物质资本、科学技术和人力资本如果疏离非正式制度，其配置和创造财富的能力都会受到束缚。农村的社会关系通常有三种：一是以姻亲、血缘为主的先赋型亲缘关系；二是以乡邻、熟人为主的地缘关系；三是因资源短缺而构建的业缘关系。在农村社会中，代际间流传的行为准则和经过沉淀形成的道德体系，是人们从事经济活动的信心基础，可约束社会成员的行为。道德体系是通过相互的信任机制执行的，并在重复交易中转化为博弈规则，最终成为互利交易得以进行和经济增长得以实现的主要保证。[②] 因为重复博弈会抬高欺骗的成本，所以“文化创意 +”农业融合发展产业利益相关者在非正式制度的影响下通常会自觉规范交易行为，合理安排生产和消费活动，从而维护自己的声誉以及在产业组织内的地位。另外，非正式制度有利于增强交易各方的信任感，在一定程度上降低交易成本、提高产业组织效率。非正式制度与区域经济社会发展互相渗透、相互制约，是一种互动与耦合的关系。在“文化创意 +”农业融合发展中，非正式制度对于发展秩序的稳定和发展质量的提高具有明显作用。

（三）明确推进经济社会协调发展的目标

“文化创意 +”农业融合发展应该明确推进经济社会协调发展的目标。农村和农业发展是经济社会发展的结果，不能当作拉动经济增长的手段，正如诺贝尔经济学奖获得者阿玛蒂亚·森（Amartya Sen）所说：“经济增长本身不能理所当然地被看作是发展目标，发展必须更加关注社会的全面、协调和可持续发展，推进人的自由全面发展。”[③] 以文化创意产业推进农村发展的最终受益者是当地居民，产业发展带来的经济收益可以改善他们的生活质量，也会使他们意识到家乡的山水花鸟和祖辈留

---

① DAVIS L E，DOUGLASS C. North：Institutional Change and American Economic Growth［M］.London：Cambridge University Press，2008.

② 袁晓婷，陈春花.文化资本在经济增长中的表现形式和影响研究［J］.科学研究，2006（S1）.

③ 阿玛蒂亚·森.以自由看待发展［M］.任赜，于真，译.北京：中国人民大学出版社，2002.

下来的文化传统弥足珍贵，带给他们精神满足感和自豪感。文化只有被它的拥有者热爱才会很好地传承。当民间文化的传承和自然资源的保护成为一种自觉行为，“文化创意 +”农业融合发展也就成了当地居民的内在要求和主动融入，自我发展能力的大幅提升使作为发展主体的人也真正成了发展的成果。当地居民的参与热情和创造力是农村文化创意产业发展的内生动力，这在很大程度上决定着产业发展前景和整体价值，是利益相关者关系结构的关键性因素。“文化创意 +”农业融合发展政策应该把农村居民看作发展主体和最终目的，唤醒他们的自觉意识和文化自信，培养其综合素养和能力，实现人的精神生活和物质生活的同步发展。

（四）协调好文化资源与产业发展的关系

“文化创意 +”农业融合发展应协调好文化资源与产业发展的关系。文化资源是一种自然、社会和人的创造力综合作用的结果，每一个因素的变化都或多或少地影响文化资源的形态和价值，尤其是在当下的文化经济时代，文化资源与产业发展的联系更为紧密。文化资源对产业价值的贡献毋庸置疑，但如果过于看重产业发展的局部利益和短期收益，受到损害的必然是文化资源。保护与发展并不矛盾，传统性与现代性完全可以实现和谐统一。区域发展应该在保护和传承农村传统文化的基础上合理规制产业化的力度和进度，规范产业开发行为，培养产业主体的文化保护意识，形成“文化资源促进产业发展，产业发展反哺文化资源”，两者互为动力的均衡发展机制。另外，农村文化创意产业的利益相关者关系结构的优化和稳定性是农村发展的重要动力源，这也需要有效的政策作为保障。他们结成合作联盟的基础是互惠性的行为方式和一体化的组织关系，目的是建立多方共赢的利益分配和约束机制，以此来拓展市场空间。地理位置相邻的市县乡镇和农村能够结成合作关系也非常重要。区域之间的合作有助于推动要素流动和区域产业转移，进行优势互补，形成协同效应，提升经济系统整体的发展效率和水平。[①] 因此，“文化创意 +”农业融合发展需要淡化行政地域观念，确立共赢的思维，形成合作开发的理念，完善利益协调机制，促进区域一体化发展。

① 范剑勇，谢强强．地区间产业分布的本地市场效应及其对区域协调发展的启示［J］．经济研究，2010（4）．

（五）注重文化共存与融合的均衡、多样性与统一性的均衡

“文化创意 +”农业融合发展应注重两个均衡，即文化共存与融合的均衡，多样性与统一性的均衡。农村城镇化发展一旦进入加速阶段，通常会遇到两个问题，一个是区域自然生态系统和基础设施的承载能力能否适应发展需要，另一个是农村文化在城镇化进程中的异化。基础设施薄弱是农村文化创意产业发展的短板，如果盲目地进行大规模改造，势必会影响自然生态系统。农村自然风光和田园景色是吸引城市居民的要素，一旦失去其原有的魅力，必然会造成消费者不满，抑制消费需求，使农村文化创意产业发展缺乏持续性，并使得农村发展失去动力。因此，科学测算区域环境承载能力，准确把握资源禀赋和产业发展的协同效应，制定合理的中长期发展规划，理性对待短期利益和长期效益的取舍，是农村发展应该解决的关键问题。农村文化在功利主义驱使下的产业化和因“被城镇化”而背离其特色价值，是文化学者们所忧虑的。文化是依托特定地域自然环境与社会环境，逐步凝结所形成的与环境相互融合、相互适应的精神和智慧结晶。在农村城镇化进程中，城乡文化不可避免地要发生碰撞、交流和融合。农村文化创意产品本身就是一种对城市消费群体需求“想象”的结果，是农村文化与城市文化的链接，是对城市文化的回应与适应。而城市文化在发展过程中也会吸纳城市移民带来的异地文化和城市向农村扩张所融入的农村文化，所以城乡文化并非对立的两面。费孝通先生说：“美美与共，天下大同。”农村城镇化是城乡文化的公平对话，这样会构筑一种跨越自然边界、行政边界、经济边界、社会边界的文化生态系统，相关发展政策的制定应该在注重保护农村文化真实性的同时，必须具有对异质文化兼收并蓄的意识。

诺贝尔经济学奖获得者约瑟夫·斯蒂格利茨（Joseph E.Stiglitz）曾预言，美国的新技术革命和中国的城镇化是 21 世纪带动世界经济发展的两大引擎。“文化创意 +”农业融合发展推动的新型城镇化进程，将对中国甚至是世界产生重要影响。城市的本质意义是使人们的生活更加美好，因此农村的城镇化进程并不能简单地等同于城镇人口的数量增长，而是实现农村公共生活、人际关系和精神生态的城镇化。文化创意产业使文化由商品变成了生活，对于农村经济社会发展意义深远。

第二节　中观层面：市场体系与要素配置

产业融合现象出现于 20 世纪 70 年代，主要表现为原本分属于不同产业或同一产业内的不同行业之间的边界逐渐模糊或消融并重新划定边界，形成新的产业形态或产业属性。不同于一般的产业融合现象，“文化创意 +”农业融合发展的主要驱动力是文化创意。尽管学界对于产业融合的概念、成因、过程、识别、测算等问题众说纷纭，但对于产业融合能够带来价值增长并且成为产业发展的新动力已基本达成共识。

一、“文化创意 +”农业融合发展的市场要素体系

文化资源具有非稀缺性和可转化特征，经由文化创意的抽象化而形成文化符号和意义并附着于特定载体所开发的文化产品，通过对消费者精神文化需求的满足和文化传播，渗透到经济社会多个领域。

（一）文化资源

“文化创意 +”农业融合发展主导产业的选择应该与区域基础资源要素相匹配，其根本目的是把区域资源结构优势转化为产业优势。相比城市，我国农村在一定程度上受资金、技术、人才等因素制约，尤其是地处偏远地区的农村更难以通过大规模工业化的途径实现产业转型。然而独特的地方文化资源和自然生态环境是农村得天独厚的优势，“文化创意 +”农业融合发展方式的选择就必须充分考虑区域资源优势的发挥。相比许多传统产业，文化创意产业投入成本低，能源消耗小，污染少，是通过文化资源的合理开发和利用来实现产业化发展。产业发展方式的

选择应该与区域基础资源要素相匹配，这是区域资源结构优势转化为产业优势的前提条件。农村文化是中国文化的主要组成部分，不仅内容丰富，而且具有多样化的表现形态，如农村民风民俗、民间典故、民间曲艺、民间手工艺、民间口传历史、竞技游艺、山寨村野文化、园艺种植、民居建筑艺术、古镇风貌、祠堂庙宇、风味餐饮、生活智慧等，这些农村文化形态依存于传统的农业生产方式和与之相应的生活方式，因而保存了中国农业文明的文化因子（虽然现代文明和时尚文化已渗透到广大乡村，但传统乡村文化仍有其丰厚的生存土壤），展现出极具中国传统文化特色的文化价值和文化魅力。① 独特的农村传统文化依托自然景观和生态环境能够满足人们观光旅游和休闲度假的需求，利用民间歌舞和演艺活动举办文化节庆和会展同样具有消费拉动能力，民间手工艺品和服饰及生活用品可以衍生出多种多样的产品，民间传说和农村故事可为文艺创作和影视产业提供丰富的素材。只要认真分类盘点文化资源，准确把握市场规律，借助创意元素进行整合、加工和改造，"文化创意 +" 农业融合发展就可以找到合适的切入点。

文化资源具有产业属性，能在劳动分工和产业分化发展中创造经济价值。但文化资源不同于一般资源，具有非稀缺性。一般资源在经济方面的使用主要在于其使用价值的挖掘，这种使用价值往往附着于物质资源之上，而物质资源会随着使用逐渐消失，因此经济学语境下的一般资源通常是稀缺的。相比之下，文化资源的使用主要是通过文化符号和意义的抽象化实现其价值，这种价值是内化于文化资源中的人类智慧结晶的体现。正是由于文化资源的核心和本质在于这种抽象的文化符号和意义价值，文化资源并不会随着使用而消失，而是可以重复开发和使用，而且不断创造价值，因此文化资源是非稀缺的，这也使得文化资源融入生产和消费环节的深度及广度具有充分的延展可能。

文化资源有实物和非实物形态的类型之分，不同类型的文化资源可重复开发和使用的程度并不相同。相对而言，非实物类文化资源可重复开发和使用的程度明显高于如文化遗产、景观等实物类文化资源。由于受其物质载体的限制，实物类文化资源往往难以复制，可重复开发和使用的程度较低。但是，无论是非实物类还是实物类文化资源，它们的核心都在于抽象化了的文化符号和意义价值，只

① 管宁．导入产业意识激活农村文化：关于农村文化产业发展的一个视角［J］．东岳论丛，2009（10）．

是载体不同。这种抽象化的文化符号和意义价值可以附着于不同的载体，也就是说，非实物类文化资源可以融入文化景观等实物载体建设，而实物类文化资源可以开发为新闻出版、广播影视、动漫游戏等可复制的产品，其中抽象化了的文化符号和意义价值具有广泛传播的特性。文化资源可转化的特性是文化产业内部各行业融合的基础，也是产业跨界融合的重要连接点。

（二）文化创意

几千年人类文明史留下的文化资源非常丰富，后人不仅可以根据现存的文化资源提炼其文化符号和意义进行生产，还可以通过前人留下的文化资源不断滋生新的理念和创意，形成新的文化符号和要素进行创造性生产。文化资源抽象化的文化符号和意义价值转化需要经由“人脑”的创意来实现。文化创意既可以“无中生有”，也可以“有中生优”。

文化创意使文化产业与其他产业深度融合成为可能。相比信息产业凭借技术渗透与其他产业融合而言，文化产业与其他产业融合通常依靠的是文化创意，因为文化创意本身就是一种思想，在其他产业中可以转化成符合各自产业的种种创意，完成产品的设计和创作，在产业价值链的顶端发挥作用，由此完成文化产业和其他产业的融合。正如日本著名经济学家日下公人所指出，文化将成为经济进步的象征，通过文化对传统经济的不断渗透，传统产品的文化内容的价值比重不断扩大，而其物质形式的价值比重则不断缩小，正是文化创意促进了文化与经济社会各领域的融合。

传统文化资源的现代价值体现在对现代生活意义的创造中，而这种创造需要借助创意元素来完成，因此“文化创意 +”农业融合发展在很大程度上取决于创意能力的挖掘与发挥。美国学者理查德·佛罗里达（Richard Florida）将社会分为农业阶层、工业阶层、服务业阶层和创意阶层，他认为创意阶层是“需要在工作中运用自己所受的高水平教育和技能资本，从事许多独立的判断和复杂问题解决的人才”。[①] 基于这种阶层划分，有人认为由于创意阶层的缺失，农村文化创意产业不具备发展的可行性。但历史的客观事实表明，创意能力并非少数精英所拥有特质，而是人类普遍具有的一种能力，正所谓“人人有创意，处处有创意”，创意

① 贺寿昌 . 创意学概论［M］. 上海：上海人民出版社，2006.

无所不在。农村从不缺少优秀的艺术家和创意人才，历史悠久的民间文化和意蕴丰富的乡村建筑都是出自他们的智慧。现代城市中大量精英人才都出身于农村，他们的素养和能力离不开农村生活的历练和补给。尽管他们生活和工作在城市，但是对故乡的爱恋是人们精神世界里永远挥之不去的情愫。只要农村有美好的发展前景，并推行得力的政策，那些优秀的具有地缘关系的创意人才就会在“乡情”的感召下成为返乡创业的主力军，他们会为当地社会群体创造性地发挥起到不同寻常的示范和带动作用，成为激活农村创意能力的主要力量。另外，跨地域的项目、产业和企业不同层次、多种形式的合作，使智力成果得以在更加广阔的范围内共享，这也是农村创意能力的重要来源。农村从不缺少创意能力，只是没有得到在现代生活和经济社会建设中施展的机会。农村创意能力的激活和应用，既能够为产业发展提供动力和灵感，也会赋予农村生活更多的乐趣。

（三）文化产品

文化产品是文化资源经由文化创意抽象化的文化符号和意义的载体，能够给人思想上的启迪和改变，也能够传播他人的经验和才智。文化产品具有的渗透特性使得人的智力成果可以更为便捷地传播，并经由不同个体的理念和创意，从而实现文化与多个领域的融合。例如，文化渗透到制造业的工业产品中，不仅提高了工业产品的外在设计，还提高了其文化价值，能够增加工业产品的整体竞争优势。

从产品的供给层面看，目前文化创意与农业融合发展的主要产品基本满足了食宿和游乐功能，并且在一定程度上正在为游客提供更为健康的绿色产品。但是，随着新中产阶级的兴起，这些基本功能已经无法满足市场正在升级的需求，乡村需要提供更有价值的文化产品。未来的乡村，应该致力于塑造具有社交功能的场地让情感得以安放，研发更具个性和品质的产品和服务，彰显个人的身份和地位，更注重挖掘人的潜力、给予充分的自我实现空间。

在互联网经济下，文化产品的渗透能力体现的更为突出。互联网技术增加了文化产品的载体和存储方式。随着书籍、报纸、杂志等传统纸媒的电子化，人们获取文化产品的渠道增加，通过网络共享或媒体网站，获取成本降低，甚至为零，这无疑大大增加了人们获取文化产品的动力。在互联网时代，文化产品的影响力越来越大，文化产品具有天然的思想启迪性，互联网经济将大量“免费”的文化产品送到人们面前，为智力成果的广泛传播奠定基础，从而为其转化为各个产业的产品设计创意增加可能性，由此完成文化产业对其他产业的渗透，实现和其他产业的融合发展。“文化创意 +”农业融合发展，必然产出文化产品，而文化产品的智联及其所创造的效益在很大程度上决定发展的整体成败。

（四）产业结构

衡量产业结构是否合理化的重要标准是看国民经济各产业部门的关联程度和结构比例关系，而农村文化创意产业涵盖的产业门类广泛，具备产业结构合理化的条件。农村的基础产业是农业，果蔬、花卉、禽畜等农产品，果菜园、花圃、农家庭院等农业基础设施，农村文化资源和自然环境都是外部消费群体所向往的，这是“文化创意 +”农业融合发展组织系统中不可或缺的组成部分。在农村地区发展文化创意产业，就是以农业生产为基础，利用农村文化和自然条件衍生加工制造业、现代服务业和其他相关产业，形成分工清楚、联系紧密、协调发展的产业群体。文化创意产业并不是单一的产业形式，而是一系列相关产业的集合体，并且与多个产业门类存在天然的耦合关系，具有产业融合的深厚基础和广阔空间。近年来，在我国许多农村地区竞相上演的实景演出，就是一种以自然景观为舞台、以当地文化和民俗为主要内容、集合演艺界、商界大师共同参与，促进当地农业、旅游业、加工业、饮食服务业等关联产业形成协同效应的产业运营模式。任何一个获得市场响应的产业都会对相关产业形成集聚效应，并通过分工与协作结成产业链，构成相对完整的产业组织系统。“文化创意 +”农业融合发展使一、二、三次产业在农村地区结合在一起，并且具有更高的关联程度，对农村产业结构趋向合理化具有促进作用。

（五）文化消费

随着经济发展水平的提高，消费者收入逐渐增长，人们在满足基本温饱的基础上，精神文化需求日益强烈，消费结构和方式不断升级。一方面，消费者开始摒弃大规模产出的同质化产品，追求个性化定制产品以满足个性化需求；另一方面，消费者环保和能源意识增强，开始追求绿色消费和低碳消费。文化产业作为低消耗、能创造高附加价值的“绿色”产业消费者，在其他产业中通过文化要素的投入就可将这种“绿色”功能植入其产品中。

文化消费者不仅能够通过文化产品类的消费来满足高层次需求，而且对于一般商品也不再只注重其功能性价值，应更加注重产品和服务的文化内涵及品牌价值。消费者对产品文化内涵的追求为从业者通过文化创意实现产品差异化等创新而获取超额收益提供了可能性，在产品的设计、生产、销售过程中注入文化要素是提升产品文化内涵和形成品牌价值的主要方式，这就需要各个产业的从业者要更加注重文化创意在产品开发过程中的效应发挥。文化消费的增加在推动产业不断发展和壮大的同时，也促进了文化创意与农业融合及其相关产业融合的不断深化。

（六）市场空间

产业发展的成败取决于产品供给与市场需求的契合程度，“文化创意 +”农业融合发展所形成的消费市场空间具有可拓展性。“文化创意 +”农业融合发展涉及政治、经济、社会文化、生态环境等多维目标和多元化的利益相关者，其形成的市场供求关系是地方政府、企业（投资者）、当地居民和消费者的四角关系。地方政府、企业（投资者）和当地居民同处于市场供给方，尽管三者利益诉求不尽相同，但其经济目的却具有共同性。如果通过各方的协调与合作，完全可以找到更多的利益共同点，建立起相对公平的利益分配机制和制约机制。例如，产业发展初期，当地居民是最主要的环境维护者，而企业（投资者）却对环境问题不够重视，但是当环境污染危及收益时，他们转而会成为环境维护的主要力量。地方政府是经济社会建设的资源分配者，也承担着维护社会稳定和推动经济发展的任务，只要发挥其应尽的职能作用，就可以将当地居民和企业（投资者）聚合在一起，使双方结成互利的合作关系。地方政府、企业（投资者）和当地居民作为市场共同的供给者，追求的不是某一主体或部分主体的利益，而应该是实现产业价值最大化的总体战略目标。农村文化消费市场消费者的主要利益诉求是以公平合理的价格获得高质量的体验。如果市场供给方妥善处理内部关系，在协同参与的基础上形成利益相关者一体化的发展格局，就可以为市场提供更优质的产品和服务，这正好契合了消费者的利益诉求。来农村进行实地体验的消费者，通常会与当地居民交流其消费体验感受，这自然会为他们带来其他地区的产品信息、项目信息和市场信息。顺畅的交流会拉近供求双方的距离，促使市场供给者不断改进和完善产品结构和服务能力，由此提升消费者的满意度和忠诚度，从而让消费者有可能转变为市场推广者，成为拓展市场空间的重要力量。

二、“文化创意 +”农业融合的产业运行机制

文化资源的创意开发到产品消费的转化是文化产业与相关产业融合的基础，而真正促进不同产业融合则需要相应的机制。“文化创意 +”农业融合发展，以通过文化要素对农业进行渗透实现产业内部结构的分解，促使产业资源向文化创意产业流动实现传统产业结构的转换，提升农业中的文化含量与经济价值，是文化产业与农业的融合机制。文化创意产业通过投入对农业形成渗透作用，农业通过产出对文化创意产业形成拉动作用，文化创意产业与农业融合主要通过渗透机制和拉动机制来实现。

（一）渗透机制

“文化创意 +”农业融合发展的渗透机制，是通过文化要素产业化方式或者文化理念的投入，与农业的设计、生产、销售等环节相融合，参与并促进相关产业的价值创造过程。从投入角度看，文化创意融合进入农业的可以是非物质形态的文化符号或文化理念，也可以是被融合产业共同参与文化产品开发的方式，最终输出被融合产业的产品，由此实现文化创意产业与农业融合。

文化渗透于社会生活的各个方面，也存在于一切产业中，每个产业都具备一定程度的文化基础。正是产业之间具备的这种天然文化基础使得文化创意产业可以与任何产业进行融合，而无须像一般产业融合那样需要产业之间具备技术基础。文化要素的非稀缺性、产品生产过程中污染少等特性所导致的产业可持续发展的特性通过产业融合可以转化给其他产业，而又不会导致原本产业优势的丧失，这是非零和博弈，是一种正和状态，最终使相互融合的产业达到“共赢”。

（二）拉动机制

在文化创意产业通过文化要素的渗透作用融入相关产业之后，被融合产业产品的文化内涵得以增加，其产品的附加值获得提升，具有新的文化内涵价值的产品被创造出来，由于产业间的经济技术联系的存在，文化创意产业必然会吸收和消耗这些新的价值产品进入其生产过程中，与相关产业形成一种后向关联，表现为对相关产业的拉动作用，由此进一步推动文化创意产业与农业融合发展。

传统农业之所以需要与文化创意产业进行融合，一方面是受消费者需求结构变化的影响，消费者需求的高层次化迫使传统产业提高其产品的文化内涵；另一方面是面对产品同质化严重、利润空间日益狭小的饱和市场，需要借助文化价值创新开辟出具有差异化的产品及低成本高利润的新兴市场。在工业经济时代，传统农业之所以还没有与文化产业融合的迫切性，是因为文化创意产业自身的发展还不够成熟，因而文化借由产业化的文化产品传播并不容易实现。随着文化创意经济时代的来临，文化等非物质要素创造价值的理念得以宣扬，文化创意产业与传统农业进行融合的基础得以形成。在工业经济向文化创意经济转型期，传统农业的发展瓶颈亟须文化创意产业来破解，传统农业与文化创意产业进行融合发展成为必然的选择。

三、"文化创意 +"农业融合的产业组织策略

（一）发挥农村文化资源的基础性作用

文化要素是"文化创意 +"农业融合发展的基础条件。农村文化具有物化和符号化的不同意义，既包括农村已有的景观、建筑等实物载体，也包括人们观念中的农村形象和农村故事。农村文化资源的基础性作用发挥是指其对文化的聚合、传播、催生的作用。农村造就了生于斯长于斯的大量社会人群的生存、生活方式，并由此形成了人们的风俗观念，融入人们日常生活的劳作、交往、消费、娱乐、礼仪之中。"文化创意 +"农业融合发展的重点是挖掘农村文化资源的符号和意义，将其承载入特定的文化产品形式，以此作为产业融合的基础。

（二）促进文化创意产业与相关产业集聚发展

区域聚集是产业融合发展的空间载体。政府要通过规划布局和政策支持，按照集聚发展、强化辐射的要求，考虑农村建设、交通、居住、环境和经济社会发展趋势等因素，科学引导各类文化创意产业与相关产业融合发展功能区；加强区域分类指导，引导各地之间适度竞争形成错位发展，优化农村地区的要素资源配置；搭建文化创意产业与相关产业的信息交流平台，收集产品和服务信息、管理模式、市场供求变化、政府发布的相关政策、合作协调信息等，在共享互利的原则上进行产业信息的互动交流，在产业关联效应作用下促进文化创意产业与农村

相关产业聚集发展。

（三）充分发挥产业集群发展优势

产业集群通常是在特定领域中，以一个主导产业为核心，与产业联系密切的大量企业及相关支撑机构在空间上集聚的具有协同效应的产业组织形式。“文化创意 +”农业融合发展就是一个由众多利益相关者按照业务关系划分为核心层、紧密关系层和外围层的产业组织，公共目标是利益相关者合作的基础，非正式制度增强了合作互信，因此，“文化创意 +”农业融合发展具有典型的产业集群特征。城郊旅游产业依托的文化和自然资源具有较强的地域性和独特性，其发展空间相对集中，与产业集群在地理空间上集聚的特征高度契合。同时，“文化创意 +”农业融合发展提供的是一种综合性产品，既包含物质要素，也包含非物质要素。这些要素的有效组织与搭配，仅依靠拥有单一生产和服务能力的个体难以做到，需要众多独立且能力互补的企业和关联机构或个人来共同完成。市场供给最大限度地满足市场需求，能够带来可观的产业收益，会使产业集群内部各产业主体通过专业化分工所建立的合作关系更加稳定和紧密，产业集群也会因此呈现良性演进态势。

（四）积极引导重点企业转型发展

产业发展的核心主体是企业，产业融合发展的主要实施者也是企业。积极引导参与农村经济社会发展的具有比较优势的文化企业与相关产业的企业在研发、设计、技术、产品、服务等方面的业务合作，以及人才、信息、资本等方面的资源对接，降低生产经营成本，提升市场快速响应能力和风险抵御能力，强化核心竞争力，实现产品和业务及企业多元化发展。引导传统农业中有条件的企业利用成熟经验、专业知识和资源能力优势，转向价值链高端，进行服务产品化的创新，为文化企业和客户关键业务问题的解决提供全套的专业服务，实现企业转型发展。

（五）优化产业融合发展的外部环境

放松政府规制，放宽市场准入，从根本上降低文化产业与相关产业融合发展的制度性交易成本。由于文化产业对政策规制非常敏感，一个公平公正、开放有序、有效运转的市场竞争环境，有利于激发各类市场主体的竞争活力，有利于实现文化创意产业与农业融合发展水平的不断提高。在“文化创意 +”农业融合发展中，逐步取消市场准入的地区限制和障碍，允许各行业组织机构、生产性服务产品在最大限度范围内自由进出各地区市场，促进生产要素和创新要素在沿线区域自由流动，实现资源优化配置，促进文化产业与相关产业良性互动发展。

（六）促进文化创新和技术创新

文化创新和技术创新是产业融合发展的动因之一。政府积极促进文化创意产业在产品、功能、服务等方面的创新发展，提高文化产品的附加值和客户对产品在功能、服务等的满意度。在技术资源的利用上，鼓励文化企业充分运用信息技术，结合企业的文化资源，提高文化产业在产品设计、生产、加工等环节的科技含量，提升产品的创新能力；在产品营销上，企业利用先进的技术，改变传统的营销方式，创造出尽可能全面、能够满足消费者需求的服务信息平台和营销渠道；在管理流程上，企业可以结合自身特点，利用信息化的工具，设计出一套有效的产品质量管理体系，提高企业的运行效率。引导农村地区通过不断的文化创新和技术创新，提高要素使用效率，促进“文化创意 +”农业融合发展。

（七）开发特色休闲旅游产品

“文化创意 +”农业融合发展的重点在特色和休闲两个方面。农村文化创意产业的主要消费者是城市居民，农村之所以能够吸引城市居民，主要是因为农村的自然景观和生活习俗与城市之间存在鲜明差异，而城市居民除了追求这种差异所带来的观感上的满足之外，还渴望得到精神上的放松和愉悦，因此，如何为消费者提供特色休闲旅游产品是“文化创意 +”农业融合发展的核心问题。农村特色根植于农村的自然环境和社会生活之中，因此，在产品开发的过程中，应该尊重自然和文化资源，避免浅层次开发、低水平开发和不恰当开发等现象。农村居民是产业发展的重要主体，他们熟知当地的文化传统，积淀了宝贵的生活智慧，并对农村文化资源充满了感情，这是“文化创意 +”农业融合发展能够形成和保持特色的可靠来源。但农村居民在休闲消费需求的把握和产品开发的能力上存在一定程度的欠缺，需要产业实践领域的利益相关者的知识和经验来弥补，将农村特色转化成可满足观光、体验、度假、运动、娱乐等休闲需求的不同类型和不同主题的旅游产品。同时，应赋予“文化创意 +”农业融合发展的产品以时代特征和内涵，提升产品文化品位和社会价值。通过农村居民与产业经营主体间的合作，完善产品的结构，增加产品组合的多样性，更大限度地满足消费者的需求，提供相对完整的农村旅游体验，实现需求与供给结构的相互协调。

（八）加强产业融合发展的智力支撑

综合性人才是产业融合和结构升级的重要智力支撑。实现“文化创意 +”农业融合发展，就需要培养既懂文化创意产业又懂农业的高素质、创造性人才。政府应鼓励高校开设一些以产业融合为导向的专业课程和实践课程，聘请既具有理论功底又具有实践经验的专家教授为学生授课，打造一个产学研一体化的学习交流平台，形成一个育人、选人、用人的良性循环系统，培育出具有高水平的综合性人才。同时，政府应提供更多的福利政策，吸引海外留学生归国发展，为“文化创意 +”农业融合发展做出贡献。

（九）积极促进文化消费

“文化创意 +”农业融合发展不能缺少市场和消费，而文化消费既是驱动文化创意产业发展的动力，也对产业结构升级具有重要的牵引作用。与发达国家的市场需求推动截然不同的是，我国文化创意产业的发展机制是通过政府前瞻性的规划来推动的，文化消费在很大程度上取决于政府的引导。农村地区应该整合各方力量，通过宣传引导、搭建文化交易平台、出台鼓励文化消费的政策等措施来刺激文化消费，针对文化供给借助市场和消费群体的力量给予规范化管理，推动文“文化创意 +”农业融合发展。

（十）完善产业政策体系

政府管制放松是产业融合发展的动因之一。政府和有关部门应充分认识“文化创意 +”农业融合发展对产业结构升级的促进作用，制定符合“文化创意 +”农业融合发展特点和需要的优惠政策，降低相关产业的准入门槛，放松对文化创意产业与相关产业的管制。例如，在管理体制中，政府应改变文化创意产业与相关产业融合的多头管理、交叉管理的体制，实行管理的一体化，提高政府效率，提高企业的项目审批速度；在财政投入上，加大对新兴文化创意产业项目的资金扶持，提高财政扶持力度、降低银行贷款利率甚至无息贷款等，发挥政府的政策导向作用。

第三节　微观层面：商业模式与精益管理

“文化创意 +”农业融合发展，在人文和科技要素在创意思维的主导下融入农村生产经营活动，农村产业结构趋向层次多元化、产业链延展化、附加价值显性化。一些农村的成功被多地竞相效仿，但并不是所有的效仿者都能通过复制成功经验取得预期的成效，有些不伦不类的模仿甚至使农村发展陷入进退两难的尴尬境地。究其原因，这些地区除了发展战略定位失误以及资源禀赋和发展能力欠缺之外，对于文化创意产业商业模式缺乏准确的理解和有效的把握也是其中的主要因素。

一、“文化创意 +”农业融合发展的商业模式

商业模式是一种用以阐明某个特定实体商业逻辑的概念性工具，它描述了该实体为客户提供的价值以及实体的内部结构、合作伙伴网络和关系资本等用以实现这一价值并产生可持续盈利的一系列要素组合。① 商业模式的价值逻辑是针对其实质内容的逻辑结构，全面了解和分析所要解决的复杂问题所处的环境、状态及各因素之间的相互关系来找出关键问题。② 按此表述，“文化创意 +”农业融合发展的商业模式价值逻辑分析就应该从产业发展的主要类型及其结构展开。

---

① OSTERWALDER A，PIGNEUR Y. Business Model Generation［M］.London：John Wiley&Sons，2010.

② 程卓蕾，孟溦，齐力，等.构建测量组织战略绩效的指标体系方法研究［J］.科研管理，2010（3）.

（一）“文化创意 +”农业融合发展的产业基本类型

“文化创意 +”农业融合发展是指在农村空间范围内，相关主体根据不同元素存在的共同性和生产经营能力的差异性进行选择，进而形成产业空间集聚形式，由核心产业、关联产业、衍生产业和辅助产业四大产业群体构成的产业组织系统。① 由于资源禀赋和发展能力不同，“文化创意 +”农业融合发展的产业类型形成和演进是以具有集聚效应的核心产业为起点，渐次吸引其他产业形式集聚，通过产业融合来延展价值链进而形成一系列具有明确任务结构的产业集合。依据实地调研可以发现，尽管我国不同地域的农村存在很大的差异性，但通过文化创意产业来带动农村经济社会发展的主要产业形式及其演进规律可以归纳为三类，即分别以基础产业、自然景观和文化资源为依托的核心产业，吸引相关产业集聚形成具有高融合度的产业群体。据此，可将其分为农业特色产业依托型、自然景观依托型和文化资源依托型三种类型。例如，山东寿光依靠蔬菜大棚种植走出了一条特色农业发展道路，建成多个国家 4A 级生态农业观光园，开发了系列农村文化旅游产品，多次举办国家 5A 级的农业科技博览会，属于农业特色产业依托型；云南丽江依托得天独厚的自然资源开发旅游项目和商品，带动花卉种植与服务业及相关产业共同发展，属于自然景观依托型；陕西安塞按市场化模式运作腰鼓演出，使安塞声名远扬，带动“红色旅游”项目和特色浓郁的文化旅游产品及其他相关产业蓬勃发展，可归类为文化资源依托型，见表 5-1。

表 5-1 “文化创意 +”农业融合发展的产业基本类型

产业构成	产业类型		
	农业特色产业依托型	自然景观依托型	文化资源依托型
核心产业	农业	旅游业	演艺业
关联产业	餐饮、旅游、娱乐等	农业、餐饮、娱乐、演艺等	农业、餐饮、旅游、娱乐、服饰等
衍生产业	演艺、服饰、影视、动漫、工艺品制造等	服饰、影视、动漫、工艺品制造等	服饰、影视、动漫、工艺品制造等
辅助产业	传媒、金融、会展、物流、设计等	传媒、金融、会展、物流、设计等	传媒、金融、会展、物流、设计等
代表地区	山东寿光、广东雷州等	云南丽江、湖南凤凰等	陕西安塞、广西阳朔等

① 张振鹏．我国农村文化创意产业发展初探［J］．华东经济管理，2013（2）．

（二）“文化创意 +”农业融合发展的商业模式价值逻辑

虽然“文化创意 +”农业融合发展起点的差异是源于各地的资源禀赋不同，但各自所形成的核心产业都与顾客价值相契合，并能够带动关联产业以及随之发展起来的衍生产业和与之相配套的辅助产业，从而以更加完整的产业形态来实现顾客价值。在此过程中，经营内容和能力各异的多元化产业主体不断集聚，逐渐形成相互依存关系和相互加强效应，结成商业生态网络系统，由此所产生的伙伴价值成为各利益相关者关系趋向稳定的黏合剂，进而带来产业价值提升。由此可见，“文化创意 +”农业融合发展的商业模式是由顾客价值、伙伴价值和产业价值建构而成的商业化运行体系，内含完整的价值逻辑。

按照文化创意产业商业模式的价值运行逻辑，其顾客价值、伙伴价值和产业价值之间存在因果关系、条件关系和递进关系三个维度。首先，顾客价值是产业发展的原动力，链接伙伴价值和产业价值，如果农村文化创意产业发展不能发现或者是忽视顾客价值，伙伴价值和产业价值就无从谈起或难以维系。顾客价值是农村文化创意产业商业模式的基本价值主张，与伙伴价值和产业价值存在因果关系。其次，伙伴价值是为了满足顾客多样化需求而由不同经营主体选择性地结成分工协作关系所产生的，参与各方对伙伴价值的认同程度影响顾客价值和产业价值的实现程度，伙伴价值相对于顾客价值和产业价值来说，是一种条件关系。再次，产业价值通常被当作检验产业发展水平的一种重要指标，但在商业模式的价值逻辑中，是由顾客价值和伙伴价值传递而来的最终结果。反之，产业价值的高低对伙伴价值也具有传递作用，能够牵引更多的经营主体参与产业发展并使其关系结构更加稳固，进而传递给顾客价值并带来价值递增，因此三者之间存在递进关系。综上所述，顾客价值、伙伴价值和产业价值存在三种形式的逻辑关系，其内在的价值逻辑支撑着“文化创意 +”农业融合发展的商业模式架构，如图 5-1 所示。

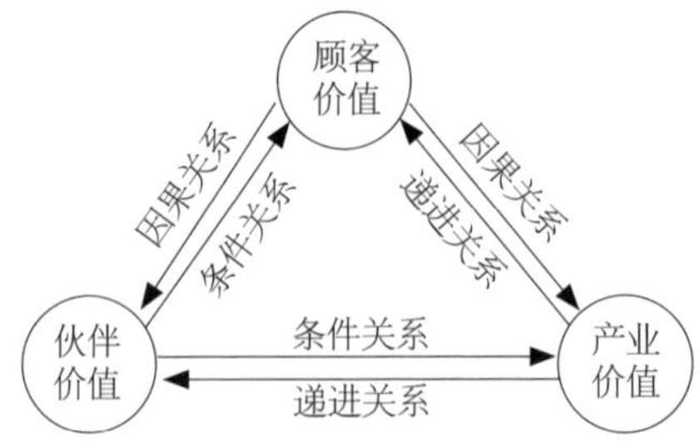

图 5-1 “文化创意 +”农业融合发展的商业模式价值逻辑

“文化创意 +”农业融合发展的商业模式蕴含的顾客价值、伙伴价值和产业价值，可以按照逻辑顺序描述和区分其关系，但在实际的产业运营过程中，顾客价值必须获得合作伙伴的认同才有可能成为价值运行的逻辑起点，最终带来产业价值的实现；而产业价值的创造和传递是建立在协调的伙伴关系基础上，把各方面的资源转化为顾客价值，并且相关各方都能够从中获取一定的价值份额。因此，“文化创意 +”农业融合发展的商业模式价值逻辑应该看作是顾客价值、伙伴价值和产业价值互为依赖、相辅相成的共生关系。

（三）“文化创意 +”农业融合发展的商业模式运行规则

一种好的商业模式应该兼顾所有相关利益方的动机和价值需求，并设计多种合作和交易机制来满足各方面的需求，从而有效利用各方的力量来共同创造价值和分享价值。[①]“文化创意 +”农业融合发展的商业模式运行，无疑应该兼顾相关各方的价值诉求，明确价值获取的规则，才能保证从业者不会成为“只为他人作嫁衣”的推手，从而保证顾客价值、伙伴价值和产业价值的关系紧密相连，维系价值逻辑的完整性。

1. 顾客价值认同

“文化创意 +”农业融合发展的商业模式选择的起点需要系统思考哪些产业活动和内容能够获得顾客价值认同，并且得到包括政府、企业、相关机构、当地居民、其他从业者等在内的产业发展相关各方的认同，并对相关产业形成引领作用。顾客价值的重要体现是商家提供的产品和服务所获得的顾客认同感和满意度，[②] 因此，“文化创意 +”农业融合发展的商业模式的顾客价值应该为顾客所感知、理解和接受，即产品和服务得到足够的市场响应。这涉及核心产业的选择及产业定位问题，关系到相关各方对产业发展的参与程度，决定了伙伴价值和产业价值的实现程度。例如，地处我国大陆最南端、以盛产亚热带农作物而闻名的广东省的雷州半岛，利用多年积累的农业基础作为撬动经济增长的杠杆，逐步挖掘民间文化

---

① 张敬伟，王迎军．基于价值三角形逻辑的商业模式概念模型研究［J］．外国经济与管理，2010（6）．

② KORLER P，DIPAK C. Jain，Suvit Maesincee.Marketing Moves：A New Approach to Profits，Growth and Renewal［J］.Harvard Business School Publishing Corporation，2001（2）.

传统和自然资源优势，通过整合半岛地区的景观，建成了高标准的旅游休闲度假区，推出了包括特色农产品美食、民间艺术表演、民俗体育赛事、民俗风情体验等文化旅游项目，带动了现代渔业、临港工业、港口物流等相关产业发展，成了广东经济社会发展的新亮点和新动力。雷州半岛的农村文化创意产业发展属于农业特色产业依托型，其核心产业中的农产品具有高度的顾客价值认同，并且得到相关各方的认同，如图 5-2 所示。这是商业模式的价值逻辑起点，是商业模式运行的关键点，对"文化创意 +"农业融合发展的其他产业类型同样有效。

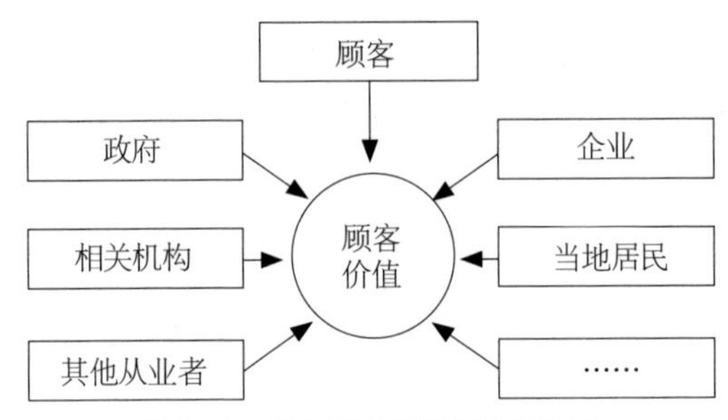

图 5-2 商业模式的顾客价值认同

2. 伙伴价值创造

伙伴价值创造是增进顾客价值的有效保障，是"文化创意 +"农业融合发展形成完整产业体系的必要条件。这需要产业发展各相关主体在一致认同顾客价值的基础上结成分工协作关系，为消费者或其他从业者提供多样化的产品和服务。参与者的多样性，必然会造成各方在交易和互动过程中的价值理解或取向多元化。但正是这种多元的价值诉求推动了商业模式的形成，并且随着参与者之间的关系持续，在未来或远期转移生成的伙伴价值使各参与者成为产业发展的利益相关者，并且形成多元的互动关系。例如，2013 年湖南凤凰的"门票新政"曾经引起大批商户和当地居民的不满，矛盾纷纷指向政府"角色错位"和"与民争利"，结果遭遇大批游客选择用脚投票的方式进行抵制，造成"五一"期间游客数量锐减到只有同期水平的四成，以散客为主力消费群体的古城内客栈、商铺和酒吧经营难以为继，原生态文化的日趋式微使原本特色鲜明的凤凰古城旅游产业整体收益严重受损。凤凰古城属于自然景观依托型的文化创意产业发展类型，自然资源的所有权不应被独占，民俗民间文化更是与当地居民息息相关，加之众多商家的参与才形成了如今的产业规模。因此，商业模式的伙伴价值创造必须妥善处理不同利益相关者之间的价值诉求，建立相对平衡的利益格局并且维系各利益相关者保持相对稳定的关系结构，在分工协作中使各方所掌握的资源和能力形成协同效应，使商业模式向伙伴价值创造的方向运行，逐步构建完整的产业体系，推动产业价值的整体提升和产业可持续发展，如图 5-3 所示。

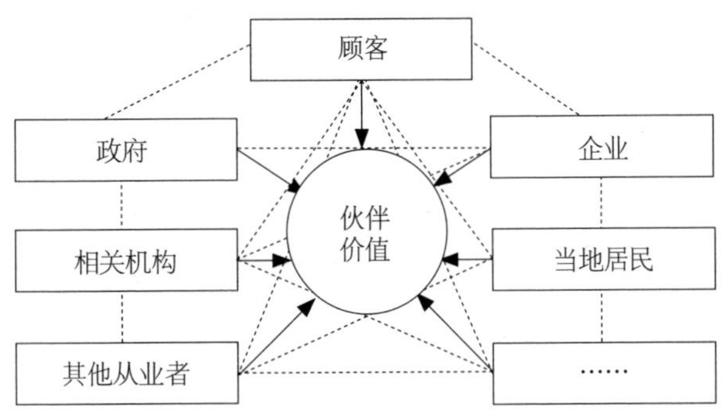

图 5-3 商业模式的伙伴价值创造

3. 产业价值分享

在"文化创意 +"农业融合发展的商业模式中，伙伴价值是产业价值的决定性因素，由此形成的产业价值链上，各个节点之间的利益相关者建立分工协作关系的最终目的是产业价值分享，即通过交易价值空间拓展或者交易成本降低、交易风险降低，给资源能力拥有者更高的价值（超过其机会成本），使价值分配机制有助于吸引、聚合、积累、控制稀缺的关键资源能力，抵御机会成本，降低资源能力拥有者流动的动力。① 这种产业价值分享存在两种有效机制：契约治理和关系治理。契约治理是通过契约条款规定交易的实质性内容，并且符合法律原则，这类契约会使依法履约的人从中受益。与契约治理相对应的是关系治理，主要体现在组织间关系的结构和过程等维度上，强调的是一种非正式的垂直交易过程。② "文化创意 +"农业融合发展的利益相关者聚集于特定区域和产业范围内，其交易关系属于专业性较强的垂直交易，在契约治理的基本规则之外，其产业价

① 魏炜，朱武祥，林桂平．基于利益相关者交易结构的商业模式理论［J］．管理世界，2012（12）．

② RONALD J F，MICHELE P，JASMIN B. Contractual governance relational governance，and the performance of interfirm service exchanges：The influence of boundary-spanner closeness［J］.Journal of the Academy of Marketing Science，2005（2）.

值分享更依赖于关系治理。例如，广西阳朔以《印象·刘三姐》为龙头的演艺产业链群，带动以书画、摄影为优势的艺术品产业链群、以画扇、竹木雕刻为特色的工艺品产业链群、以大众文化、体育、健康为核心的文体娱乐产业链群，构筑了门类齐全的产业体系，就是顾客、政府、企业、当地居民、相关机构及其他从业者多元化投入所推动的规模化发展成果，其关系治理保障了众多利益相关者的产业价值分享和产业价值的整体提升，如图5-4所示。

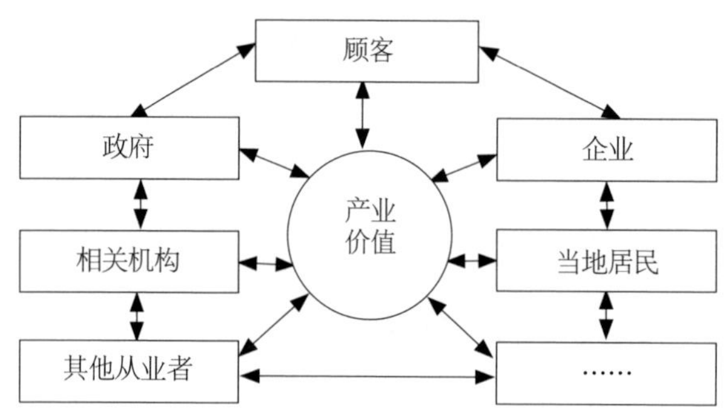

图5-4　商业模式的产业价值分享

"文化创意+"农业融合发展的商业模式运行是以维护顾客价值、伙伴价值和产业价值所结成的价值逻辑为前提，各利益相关者对顾客价值的认同产生伙伴价值，伙伴价值的创造提升产业价值，产业价值的分享明晰了参与各方的角色任务，使商业模式的多边关系结构趋向稳固，推进商业生态系统的形成，如图5-5所示。

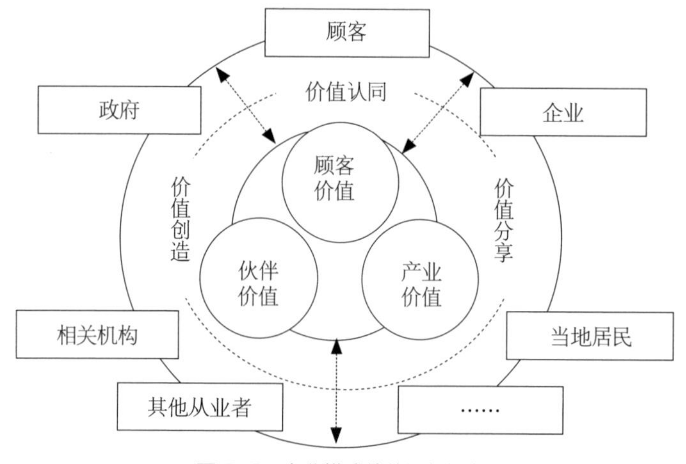

图5-5　商业模式价值逻辑运行

“文化创意+”农业融合发展方兴未艾，遵循商业模式价值逻辑和运行规则，探索特色化、集约化、产业化发展方式，是实现社会效益和经济效益双赢的有效途径。首先，我国地域和文化差异决定了农村资源禀赋的不同，农村发展文化创意产业应该把握自身特色，聚焦顾客和市场需求，发现顾客隐形需求，找到市场成长空间，提出精准和独特的价值主张，最大限度的获取顾客价值认同，以此明确产业定位，开发特色产品和品牌，构建富有竞争力的商业模式。再者，农村文化创意商业模式体现为各利益相关者基于价值逻辑相结合的关系结构，旨在实现交易成本最小化、资源和活动安排的价值最大化，商业模式的组织结构和治理机制应该确保利益相关者之间的关系配置得紧密和高效，创造符合集约化发展特征的伙伴价值。最后，商业模式的最终目的是提升产业价值，其运行机制与规则配置关键在于保障价值创造和价值获取的系列活动能够按照产业经营规律实现发展目标。环境和利益相关者的关系结构会随着产业发展发生变化，商业模式也需要相应的创新或变革，以维护价值逻辑的完整性和运行规则的有效性，为“文化创意+”农业融合发展真正起到推进作用。

二、“文化创意+”农业融合的“精明增长”

精明增长（Smart Growth）是从美国兴起的与城市空间向周边地区蔓延趋势不同的城市增长理念。这一理念倡导“以人为中心”的城市设计思想，提倡城市社区重塑人性化的富有特色的城镇生活氛围，注重城市公共空间和城市周边农田的保护，主张为城镇居民提供多样性的选择。① “文化创意+”农业融合发展所创造出的农村游憩空间为提升城市生活质量，使城市居民的休闲生活向多层次、多种类方向发展，同时也为保护自然资源和生态环境提供了一种可行的方式。比如，德国科隆通过把城郊生态用地和生态系统建设成为生态走廊，促使农业、林业和休闲旅游业等在城市空间内的协调发展，实现了城市生态的平衡发展；法国巴黎通过实施“区域绿带计划”推动“绿色旅游”，将自然和文化的保护同经济和社会的发展相结合，构建了完整的城市与城郊和谐发展的空间生态系统。

---

① SONG Y，GERRIT-JAN K. Measuring the effects of mixed land uses on housing values［J］. Journal of Regional Science and Urban Economics，2004（34）.

（一）农村土地的科学规划使用

“精明增长”通常是以科学的区域规划为前提，平衡资源保护与开发之间的关系，这种“精明”最终要体现在土地的使用上，因此，编制科学的农村土地规划是实现“精明增长”的关键。首先，农村土地使用结构的配置要考虑农村农业发展水平和主体景观特征，维护空间配置的和谐度。乡村精明增长首先要取缔空心村，提高农村居民的空间集聚水平，减少土地浪费；其次，通过人口—土地—产业的合理对接土地使用，改变农业太过分散的布局，提高农业生产规模化水平。最后，“文化创意 +”农业融合发展要尊重地域差异性，按照因地制宜、分区分类原则，实行多样化的技术标准、目标要求、管理模式与保障措施。[①] 在充分尊重农户意愿的基础上规划农村，进一步细化土地利用总体规划，划定农村建设用地增长边界，合理有序地规划农村的生活功能、生产功能，规范农村各项土地利用活动，做到农村土地精细化管理。

（二）统筹城乡发展资源要素配置

实现“文化创意 +”农业融合发展的“精明增长”，需要各个发展要素之间的关系从无序走向有序，各个利益相关者之间形成协同效应，尤其是统筹城乡发展资源要素配置。城市建设用地的扩张对乡村用地造成了强烈渗透，尤其是工业用地扩张，大量耕地被占用，乡村“精明增长”需要打破当前用地不平衡的局面，减少城市扩张对乡村土地的不合理占用。统筹城乡发展资源要素配置，主要是对城乡区位之间、工农产业之间以及城乡居民之间土地、资本、劳动、技术和管理等资源要素的合理配置，改变城乡资源要素不合理的单项流动，促进城乡要素有序置换，使城市发展资源要素惠及农村，使城乡发展资源要素适度向农村倾斜，为农村农业发展注入新的动能和活力，这是农村农业实现精明增长的重要途径。对此，政府应通过制度和政策来调节诸多关系，保障“文化创意 +”农业融合发展。

（三）重构农村生产和生活空间

“文化创意 +”农业融合发展与新型城镇化进程同步，需要从重构农村生产、

---

① 刘彦随，朱琳，李玉恒．转型期农村土地整治的基础理论与模式探析［J］．地理科学进展，2012（3）．

生活空间入手，[①] 在此基础上实现农村空间有序发展，由此推动农村农业健康发展。很多地方目前已经形成了“亦工亦农”“离土不离乡”的多元化发展格局，在农村经济结构融入了更多的第二、第三产业，丰富了农业产业结构，推动了农村经济增长，有效解决了空心村的治理问题，并且对于农村资源的高效利用发挥了重要作用。

对于农村生活空间的重构，首先要做到村容村貌整洁美丽，完善垃圾收集处理、污水排放等农村基础设施的建设；其次要满足农村居民生活环境提升的需求，修缮农村民居建筑，满足建筑使用时的舒适性和安全性的要求；再次要具备满足现代生活需求的基础设施，提高农村居民的出行便利度；还要具有地域特色的河流水系的农村要维系原有的水网格局，增加农村道路绿化和景观维护，改善村庄景观风貌以区别于城市景观特色，尽可能在原有村庄形态上改善居民生活环境，真正建设成为宜居农村。

（四）加强农村特色化发展

农村发展需要有自己的地域特色，避免“千村一面”的统一布局。农村特色化发展绝不是复制或模仿已有的农村特色化发展模式，而是应该立足自身特色资源优势，寻找并提炼让人记忆深刻的特点，扩展和放大自身的特色资源优势，把资源优势打造成农村独具特色的品牌。农村特色化发展可以借鉴国外乡村发展经验，如日本“一村一品”的造村行动、韩国的新村运动以及美国的新农村建等设。不管哪种方式的发展路径，政府在其中都扮演着引导者的角色，村民才是真正的主体，增强村民自我组织、自我管理、自我维护的意识是农村持续健康发展的关键所在。坚持“政府引导、市场运作、社会参与”的发展原则，引入第三方参与农村农业发展，最终达到农村经济、社会、环境的协调发展。这也是“文化创意 +”农业融合发展实现“精明增长”的路径与结果，如图 5-6 所示。

① 申明锐，张京祥．新型城镇化背景下的中国乡村转型与复兴［J］．城市规划，2015（1）．

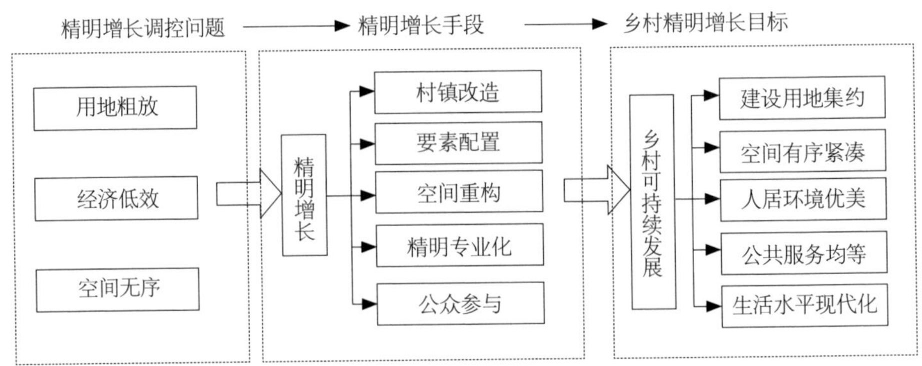

图 5-6 “文化创意 +”农业融合发展的“精明增长”机理

“文化创意 +”农业融合发展使农村劳动力以组织化或集体形式参与其中。市场意识和商业意识的强化促使他们向外寻求经济合作，经济边界的开放使城郊社会与外部社会的联系更加广泛，农村居民的生活因此进入了更大的社会体系中。产业发展带来的经济收益在改善农村居民生活质量的同时，也会使他们更加珍爱祖辈留下来的文化传统和自然风光，民间文化的传承和自然资源的保护也会成为他们的自觉行为。人们的精神生活和物质生活实现同步发展，使作为发展主体的人与发展的最终成果成为和谐统一体，这也应该是“文化创意 +”农业融合发展的本质意义所在。

第六章

“文化创意+”农业融合发展方向

“文化创意+”农业融合发展，创造出第一、第二、第三产业融合的多种新业态，产业链条的拉长意味着农民在农业领域创业、创新的机会越来越多，新产业、新业态的发展空间越来越广阔。近年来，田园综合体、特色小镇的兴起，使新业态的类型更加多样，发展更加成熟。特别是城市人口和多样的消费需求以及休闲的便利条件为新业态发展提供了市场支撑。而新业态在空间上，从城市近郊向中、远郊区发展，形成层级结构差别，更多新兴业态不断涌现。

第一节　田园综合体

“支持有条件的乡村建设以农民合作社为主要载体、让农民充分参与和受益，集循环农业、创意农业、农事体验于一体的田园综合体，通过农业综合开发、农村综合改革转移支付等渠道开展试点示范。”2017 年 2 月，中央首次提出“田园综合体”这一概念。2017 年 6 月，财政部下发《关于开展田园综合体建设试点工作的通知》，河北、山西、内蒙古、江苏、浙江、福建、江西、山东、河南、湖南、广东、广西、海南、重庆、四川、云南、陕西、甘肃 18 个省份将开展田园综合体建设试点。之后一段时期，田园综合体在我国遍地兴起。

一、田园综合体的内涵意义

（一）田园综合体的概念

田园综合体作为新生事物，需要一个实践、认识、再实践、再认识的过程。目前，人们对田园综合体大体有三种不同的认识：第一，田园综合体主要是农业产业转型升级的模式，有的干脆把它定位于园区农业、休闲农业的升级版；第二，把它定义为“农业 + 文旅 + 地产”，有点像城市郊区化与现代都市农业组合而成的特色小镇；第三，强调循环农业、创意农业、农事体验加新型社区或田园社区四位一体，把它看作美丽乡村建设的一种前瞻性的综合发展模式。

所谓“综合体”，就是指综合规划、综合运营；“田园综合体”中的田园，表达了人们对美和文化的追求。田园综合体建设的目标就是促进乡村的发展，而乡村的发展有赖于农村土地、人口、产业的共同参与和协同发展。因此，田园综合体可以界定为集循环农业、创意农业、农事体验、田园社区为一体的农村综合发展模式，是在城乡一体格局下，顺应农村供给侧结构性改革、新型产业发展，结合农村产权制度改革，实现中国乡村现代化、新型城镇化、社会经济全面发展的一种可持续性模式。

循环农业是利用物质循环再生原理和物质多层次利用技术，兼顾生态效益、经济效益、社会效益，实现资源利用效率最大化、废弃污染最小化的一种环境友好型农作方式，是田园综合体发展的基础。

创意农业是以审美体验、农事体验为主题，具有养生、养美、体验品味的功能和快乐，给在快节奏工作中的人提供放松的地方，增添被高楼大厦包裹外的乐趣，目的是让农民增收、农村增美、企业增效、城市增辉。其借助创意产业的思维逻辑和发展理念，人们将科技和人文要素有效地融入农业生产，进一步拓展农业功能、整合资源，把传统农业发展为融生产、生活、生态为一体的现代农业。创意农业将产业链的前、中、后环节连结完整，将农产品与文化、艺术创意结合起来，促进产业融合，是田园综合体发展的关键。

农事劳动是休闲农业中将农业生产、自然生态、农村文化和农家生活变成商品出售，城市居民则通过身临其境地体验农业、农村资源，满足其愉悦身心的需求，形成新业态，是田园综合体发展不可或缺的活力。

田园综合体不能见物不见人，它离不开田园社区。田园社区在城乡互动融合中，除了留住原住民，还会带来创业、就业、生活、养老的新村民，并能吸引观光、体验、休闲、度假的游客群体。因此，循环农业、创意农业、农事体验、田园社区四位一体的有机结合，才能称为田园综合体。

（二）田园综合体发展的意义

1. 田园综合体将成为新农村建设的新样本

我国农村幅员辽阔，要实现“农村美、产业兴、百姓富、生态优”的综合效益，应该选择聚居模式。但以往部分地区“赶农民上楼”的聚居模式，并不能满足广大农民的宜居愿望，也不符合中国乡村自古以来的田园居住特色。依托田园综合体，可以探索多元化的聚居模式，既保持田园特色，又实现现代居住功能。借助聚居功能，田园综合体也将成为实现城乡基础设施和公共服务均等化的最佳空间。

2. 田园综合体将成为农民脱贫的新模式

精准扶贫最重要的是赋予农民及其从事的产业自主"造血"的功能。田园综合体集聚产业和居住功能，让农民充分参与和受益，是培育新型职业农民的新路径。各种扶贫政策和资金可以精准对接到田园综合体这一"综合"平台，释放更多红利和效应，让农民有更多获得感、幸福感，让"三农"有可持续发展的支撑，让农村真正成为"希望的田野"。

3. 田园综合体将成为乡村复兴梦的新动能

农村不能成为荒芜的农村、留守的农村、记忆中的故园。中央农村工作会议指出："必须坚持把解决好'三农'问题作为全党工作的重中之重，让农业经营有效益，让农业成为有奔头的产业，让农民成为体面的职业，让农村成为安居乐业的美丽家园。"

按照文件的表述，田园综合体要集循环农业、创意农业、农事体验于一体。可以说，田园综合体是在原有的生态农业和休闲旅游的基础上的延伸和发展，能更好地体现乡村独有的美丽和活力，为新时代的都市人打造别具一格的世外桃花源，实现城市居民的田园梦。同时，提升田园综合体模式的商业价值，能更好地带动新农村的发展，促进社会就业问题的解决。

二、世界各地田园综合体发展经验

（一）韩国

韩国发展休闲农业的经典形式为"周末农场"和"观光农园"。注重资源整合，海滩、山泉、小溪、瓜果、民俗都成为乡村游的主题；注重创意项目开发，深度挖掘农村的传统文化和民俗历史等并使其商品化；注重政策支持与资金扶持，注重乡村旅游严格管理。

江原道旌善郡大酱村抓住游客的好奇心，出奇制胜地由和尚与大提琴家共同经营，利用当地原生材料，采用韩国传统手艺制作养生食品的方式制造大酱，既符合现代人的养生观念，还可以让游客亲临原初生活状态下的大酱村，传承民俗文化特色。此外，休闲农业的经营者还特别准备了以 3000 个大酱缸为背景的大提琴演奏会、绿茶冥想体验、赤脚漫步树林及美味健康的大酱拌饭，提升了游客的体验乐趣。

韩国在田园综合体建设中，以"奇"为突破口，突出乡土气息，以此唤起城市居民对于乡村生活的好奇心和眷恋感，并且以丰富的业态提升游客的体验感，推进了乡村和城市和谐共生，赋予了乡村可持续发展的动能。

（二）日本

日本政府积极倡导和扶持绿色观光产业。法律法规和财政预算齐头并进，并科学制定绿色观光农业经济发展规划，同时重视民间组织的作用，并且适时对其进行财政支持。在绿色观光旅游产品开发中，日本注重环境保护和当地居民的主体性，尊重农村居民和地方特点，不过度关注经济利益。另外，日本不断拓展绿色观光农业的内涵，在观光农园、民俗农园和教育农园等方面进行创新。

日本乡村农庄田园发展的典型代表是大王山葵农场，该农场以黑泽明的电影《梦》的拍摄地点而闻名，这种以农场为依托，以媒体传播为宣传手段也是乡村旅游发展的方向之一。完善的制度保障机制和政府激励措施，并能充分发挥民间组织（NPO 等）的参与促进作用，生产手段也逐渐向自动化、设施化、智能化，生产经营管理向网络化发展，是日本休闲田园农庄发展的主要举措，也是我国田园综合体建设可借鉴的经验。

（三）美国

美国市民农园采用农场与社区互助的组织形式，参与市民农园的居民与农园的农民共同分担成本、风险和赢利。农园尽最大努力为市民提供安全、新鲜、高品质且低于市场零售价格的农产品，市民为农园提供固定的销售渠道，双方互利共赢，在农产品生产与消费之间架起一座连通的桥梁。

美国 Fresno 农业旅游区由 Fresno city 东南部的农业生产区及休闲观光农业区构成。区内有美国重要的葡萄种植园及产业基地，以及广受都市家庭欢迎的赏花径、水果集市、薰衣草种植园等。采用“综合服务镇 + 农业特色镇 + 主题游线”的立体架构，综合服务镇交通区位优势突出，商业配套完善；农业特色镇打造优势农业的规模化种植平台，产旅销相互促进；重要景点类型全面，功能各有侧重。

美国的田园农庄主要采用资源导向型的片区发展模式——产业强者重在生产销售，交通优者重在综合服务，生态佳者重在度假。要做足体验性，同时把握重点人群需求——针对青少年家庭市场做足农业体验，针对会议人群做强硬件设施与配套娱乐等。另外，通过丰富的节庆活动提升品牌影响力。

（四）德国

德国的休闲农业大致可分为度假农场、乡村博物馆及市民农园三种类型，其中比较有代表性的是市民农园。其主旨是向市民提供体验农家生活的机会，使久居都市的市民享受田园之乐，经营方向也由生产导向转向农业耕作体验与休闲度假为主，生产、生活及生态"三生一体"的经营方式。

德国人首创的生活生态型市民田园——施雷伯田园，独门独院，各具风格，充满了大自然情趣和文化气息，如同微缩的露天民居博物馆。每一户小田园里，主题建筑是童话世界般的"小木屋"，院子里有过去的辘轳井或泵水井，地上摆放着精美可爱的小风车和各种家禽模型。小木屋门前有长满奇花异草的蔬菜园。田园里的菜只许种不许收。秋后枯萎的蔬菜和花草覆盖住潮湿的土地，保护着地里的水分，既避免了秋冬刮风带起沙尘，又可以在第二年春天翻到土里做肥料。

德国市民农园土地来源于两大部分：一部分是镇、县政府提供的公有土地，另一部分是居民提供的私有土地。每个市民农园的规模约 2 公顷。大约 50 户市民组成一个集团，共同承租市民农园。租赁者与政府签订为期 25 ~ 30 年的使用合同，自行决定如何经营，但其产品不能出售。

（五）法国

自从法国推出"农业旅游"后，以农场经营为主的休闲农业得到了较快的发展。这些农场基本上是专业化经营，其中主要有九种类型：农场客栈、点心农场、农产品农场、骑马农场、教学农场、探索农场、狩猎农场、暂住农场以及露营农场。

地中海沿岸的普罗旺斯是法国最美丽的乡村度假胜地，特色植物薰衣草几乎成为普罗旺斯的代名词，其充足灿烂的阳光最适合薰衣草的成长。这里不仅吸引来自世界各地的度假人群欣赏花海，还带动了一系列薰衣草产品的销售。除了游览，其特色美食——橄榄油、葡萄酒、松露也享誉世界。还有持续不断的旅游节庆活动，以营造浓厚的节日氛围和艺术氛围。

法国休闲农业的发展得益于多个非政府组织机构的联合，具体是指各行业协会在政府的政策指导下制定相关的行业规范和质量标准，推动以农场经营为主的休闲农业得到快速发展。

（六）意大利

意大利农业旅游区的管理者们利用乡村特有的丰富自然资源，将乡村变成具有教育、游憩、文化等多种功能的生活空间。这种“绿色农业旅游”的经营类型多种多样，使乡村成为一个“寓教于农”的“生态教育农业园”，人们不仅可以从事现代的健身运动，还可以体验农业原始耕作时采用的牛拉车，甚至还可以手持猎枪当一回猎人，或是模仿手工艺人亲手制作陶瓷等。

意大利现有 1.15 万家专门从事“绿色农业旅游”的管理企业，它们管辖的景区主要分布在中部的托斯卡纳、翁布里亚、马尔凯大区，南部的坎帕尼亚大区以及北部的威尼托、特伦蒂诺和利古里亚大区。据意大利环境联盟执委会官员鲁杰罗介绍，这些景区为不同的游客提供了不同类型的个性化服务。目前，这些景区中 70%以上都配有运动与休闲器械，供那些喜欢健身运动的游客使用；55%的景区为游客提供外语服务，为外国游客解决语言不通的困难；50%以上的景区提供包括领养家庭宠物在内的多种服务项目。

意大利人喜爱“绿色农业旅游”，这与该国政府重视环保，发展生态农业不无关系。尤其是近几年间，意大利的生态农业发展很快，生态农业耕地面积也在不断扩大。

三、田园综合体的建设路径

（一）田园综合体的组成

1. 景观风光带

田园综合体首先需要具有观赏和游览的价值，能够吸引游客，带动农村产业发展，进而提升农村土地综合使用效益。不同地区可以依托自身特色和资源优势建设观赏型农田、瓜果园、观赏苗木、花卉展示区、湿地风光区、水际风光区等，使游人身临其境地感受田园风光和农业魅力。

2. 休闲聚集区

为满足游客的多样化需求，田园综合体需要创造综合产品体系，可以建设如庄园别墅、小木屋、传统民居等在内的农家风情建筑，打造特色商街、主题演艺广场、垂钓区等乡村风情活动场所。休闲聚集区使游人能够深入农村特色的生活空间，体验乡村风情活动，享受休闲农业带来的乐趣。

3. 农业生产区

田园综合体需要具有生产性功能，除了自身产业发展之外，还可以让游客认识农业生产全过程，在参与农事活动中充分体验农业生产的乐趣，同时还可以开展生态农业示范、农业科普教育示范、农业科技示范等项目。

4. 居住发展带

田园综合体除了生产性功能，还要具有生活性功能，这是田园综合体迈向城镇化结构的重要支撑。通过产业融合与产业聚集，田园综合体形成了人口相对集中居住的区域，以此建设居住社区，构建城镇化发展的核心基础。

5. 社区配套网

田园综合体是系统性的产业和人居空间载体，具有社区特征，需要服务于农业及相关产业发展以及人居需要的金融、医疗、教育、商业等社区综合配套，由此形成产城一体的公共配套网络。

（二）田园综合体的功能

1. 产业融合与转型升级

在田园综合体中，第一、第二、第三产业互融互动，通过各个产业的相互渗透融合，把休闲娱乐、养生度假、文化艺术、农业技术、农副产品、农耕活动等有机结合起来，能够拓展现代农业原有的研发、生产、加工、销售产业链，使传统的、功能单一的农业及加工食用的农产品成为现代休闲产品的载体，发挥产业价值的乘数效应。

2. 产业经济结构多元化

由单一的第一产业到第一、第二、第三产业联动发展的产业经济结构，开展农业种植与休闲娱乐体验相结合的开发模式，如营造农作物大地景观，依托成片花海营造景观与婚纱摄影等娱乐项目相结合；种植果蔬，将农俗体验与其相结合，上山采果摘茶、下地挖野菜，池塘边垂钓等；此外，利用生态农业科技发展开发生态农业示范、农业科普教育示范、农业科技示范等项目，让游客参与其中，体验乐趣。

3. 产品模式升级

从单一农产品到综合休闲度假产品，如生态水产养殖度假区，利用自然水体发展养殖业，让游客者体验垂钓、观鱼的乐趣；葡萄酒庄园度假区，利用种植葡萄发展葡萄采摘区，将成熟的葡萄进行酿造，让游客体验从采摘到酿造葡萄酒的全过程；民俗体验度假区，以家庭为单位，休闲时居住在此，从事种花、种菜、修剪果树、采摘蔬果等乡间劳作，体验亲近自然的乐趣；生态养生度假区，依靠山体种植茶树，通过体验采茶、品茶，感悟其中禅意。

4. 土地开发模式升级

从传统住宅到休闲综合地产。随着经济快速发展，农村劳动力大量涌入城市，造成了农村空心村的现状。由此，对于地产的开发形式有以下两种：一是早期田园体验度假村运营地产，将空余出来的部分房产进行装修后再以度假村的形式出租给游客，这样既为农民增加了收入，又让游客更为深入地体验了民俗文化；二是远期集养老、养生、度假为一体的综合配套休闲地产。

5. 区域发展新模式

中央城市工作会议指出，我国城镇化必须同农业现代化同步发展，城市工作必须同“三农”工作一起推动，形成城乡发展一体化的新格局。中央农村工作会议指出，农业还是“四化同步”的短腿，农村还是全面建成小康社会的短板。中国要强，农业必须强；中国要美，农村必须美；中国要富，农民必须富。以城带乡、以工促农，形成城乡发展一体化新格局，必须在广阔的农村地区找到新支点、新平台和新引擎，具有多元集聚功能的田园综合体恰好可以成为实现这一目标的优良载体。也就是说，田园综合体将成为实现乡村现代化和新型城镇化联动发展的一种新模式。

第二节　特色小镇

受国外特色小镇建设实践经验启发，2014 年以来兴起的一系列浙式特色小镇改变了浙江历史上长期存在的块状经济发展，以其“非镇非区”的独特模式成为浙江经济转型、推进新兴城镇化的积极探索和创新，引发全国及世界关注。

一、特色小镇的内涵及特征

相较于日常的小镇，特色小镇是相对独立于市区，以产业为核心，以项目为载体，生产、生活、生态相融合的特定区域，是具有明确产业定位、文化内涵、旅游和社区功能的新型聚落单位和发展空间平台。

（一）特色小镇是产业之镇

特色小镇，首先是产业之镇，是一个产业的空间载体。特色小镇的打造，必须与产业规划统筹考虑，小镇的繁荣，也必须要有产业支撑。以产业为主导的特色小镇与现有的产业集聚区、产业园区不能混同：从产业本身来看，特色小镇所承载的产业，如云计算、基金、互联网创业等，更具创新性，而且需要以新理念、新机制和新技术、新模式来推进产业集聚、产业创新和产业升级。这与产业园区的一般性集聚是有所区别的——将体现更强的集聚效应和产业叠加效应。特色小镇培育的关键是通过创新、发展特色化产业来吸引集聚人口，从而实现以产立镇、以产带镇、以产兴镇。

（二）特色小镇是文旅融合空间

特色小镇，不仅仅是产业的集聚和融合发展空间，还承载了文化、旅游等其他功能，地方文化、休闲文化的魅力也是特色小镇的重要元素。特色小镇的文化特色要注重结合地域文化特色，挖掘文化内涵，形成小镇个性文化，并将小镇文化植入小镇建设的各个层面和领域，从而增强企业与居民的文化认同感。

（三）特色小镇是宜居之地

特色小镇的建设应是高标准规划、高起点打造，无论是环境设计、建筑外观、功能布局、能源利用，还是生活设施、现代服务，都应从现代化、人性化的角度着手建设，改善居民生活环境，提高生活品位，既能吸引和满足小镇居民工作和创业的需要，也能使其感觉小镇生活的舒适和自在，增加对小镇社区的心理归宿感。

特色小镇既不同于传统的行政建制镇，也不是单一旅游功能的景点和以制造业为主的产业园区，需要实现“生产、生活、生态”功能叠加，既具有产业与经济发展的强劲势头、创业创新的“因子”，又有深厚的文化内涵、优美的风景和社区化精准管理治理的“义务”。优质的产业是小镇立镇之本，文化是小镇之魂，旅游是小镇之美，社区是小镇之生，只有这四位一体，才是真正意义上的特色小镇。

二、特色小镇的类型

特色小镇的分类决定了如何对特色小镇进行定位、如何确定经济可行性、如何进行规划建设。特色小镇分类的核心在于两点：一是发展的动力源，即主要的收入来源和盈利模式是什么；二是居民来源，即大部分居民是原有的镇域居民还是外来城市人口。按照上述核心点进行分类，特色小镇可以分为三类，即产业类、社区类和旅游类。从根本上讲，任何一种特色小镇基本都是属于这三种类型或三种类型的复合版。

（一）产业类特色小镇

产业类特色小镇近似于产业园区的升级版。无论是特色产业型、文化创意型还是金融创新型、高端制造型，其核心仍然是通过招商引资，吸引企业进入，推动产业发展。特色小镇与产业园区的区别在于，产业特色更加突出，产城融合度更高，产业生态和配套更符合现代产业发展的需要，环境更加优美。

产业类特色小镇的常住居民主要由原有的镇区居民和产业人口构成。其中，产业人口主要从事小镇的主导产业和相关服务业。

产业类特色小镇的盈利模式和产业园区没有任何区别。基础性收入就是物业租售和物业管理收入，增值性收入就是产业服务收入，产业生态型小镇可以有投资性收入。大多数产业类特色小镇的旅游收入可以忽略不计。

特别需要指出的是，产业类特色小镇的基础设施、配套设施、景观打造，最主要的功能是为入驻企业和人员创造良好的环境，而不是为游客服务，因此不宜一律按照景区标准建设，而应该按照宜居城市标准建设。很多高端产业型企业，比如金融企业、研发企业，更需要安静的工作环境，而不是游客混杂的环境。

（二）旅游类特色小镇

旅游类特色小镇本质上是景区或者是景区的变形版。无论是历史文化型、休闲旅游型还是特色风情型，其实质都是通过文化、历史、自然资源的挖掘和景观的打造，吸引游客，获得旅游收入。

旅游类特色小镇往往由于受历史文化保护和环境评价限制，很难和大型社区相结合。因此，常住居民以镇区原有居民和旅游从业者为主。

旅游类特色小镇规划的要点在于通过选址、景观和品牌打造，以获得最大的客流。但和现有大型景区相比，客流少可能是旅游类特色小镇最大的劣势。在这种情况下，如果旅游类特色小镇不能与养老、教育等产业结合，仅仅靠客流、靠“吃住行游娱购”来平衡收入，投资回收压力会非常大。因此，在规划建设旅游型特色小镇时需要格外慎重。

（三）社区类特色小镇

社区类特色小镇的功能以居住为主，兼顾产业培育和文化、景观的打造。核心是通过大型社区建设为城市居民创造更加良好的居住环境，平衡收入；通过产业发展树立产业地位；通过文化挖掘、景观营造增强社区吸引力。

社区类特色小镇的居民由镇区原有居民和城市迁入人口构成。其中，城市迁入居民的绝大多数与小镇的主导产业没有关联，这是社区类特色小镇区别于其他两种类型特色小镇的最大特点。

三、农业型特色小镇

我国特色小镇建设，不能忽略农民的存在。农业型特色小镇具有更大的普适性，应该迎合消费升级的趋势，通过农业型特色小镇的建设，为破解“城乡二元结构”做出一定的贡献。

（一）农业型特色小镇的意义

农业型特色小镇是社区类特色小镇的一种细分类型。建设农业型特色小镇是破解城乡二元结构的一剂良方，不仅具有现实的、经济的可行性，也会有很好的社会效益。

首先，农业型特色小镇可以在满足农业需求中扮演多重角色。特色小镇几十公里外的城市母体孕育着巨大的农业需求。针对不同层次的需求，特色小镇可以扮演多重角色，和城市经济牢牢焊接在一起。比如，农业生产基地管理者的角色，物流配送起点的角色、订单农业执行者的角色、乡村旅游度假中心的角色。

其次，农业型特色小镇可以成为生鲜电商的“后院”。近年来，生鲜电商获得了长足发展。其最大特点在于打破了农业供求在时间和空间上分离的状况。特色小镇可以作为生鲜电商的“后院”，尽管目前多数生鲜电商实际上还是通过一级批发市场来采购，但依托特色小镇的周边，可以增加产地直供在整个商品供给中的比例。比如，可以在特色小镇周边种植时令的花果、蔬菜，经由生鲜电商供给城市消费者。

再次，农业本身可以作为产业特色。特色小镇往往依托城市母体，通常拥有一定的产业优势和特色。实际上，农业也完全可以成为特色小镇的产业特色，在一些农业资源禀赋良好，或者周边本身就有地理标志性产业的地区，可以开发附加值高的农业产业集体，打造大特产品牌，推动农产品深加工。

最后，农业型特色小镇有利于打造多层次农业需求。城市对于农业的需求是多层次的，特色小镇可以通过打造农业多层次产业体系，满足城市对于农业的多层次需求，打造农业服务“综合体”。比如，针对旅游需求，特色小镇可以打造休闲农业和乡村旅游项目。针对养老需求，可以建立养老社区；针对城市休闲需求，可以建设特色农庄、农家乐等。

（二）农业型特色小镇建设的要点

特色小镇规划是一项综合性规划，在充分提炼当地特色的基础上，需要叠加产业规划、历史文化及自然资源特点挖掘、基础设施规划、人居环境及景观设计、体制机制创新、小镇运营管理等诸多内容。在农业型特色小镇在规划中，主要有以下七个要点。

1. 选址

农业型特色小镇的选址直接决定了小镇的"特色"。通常需要具备以下条件：一是位于城市周边。一线城市，车程在 1 小时之内；二、三线城市，车程在半小时以内为宜。二是农业相对发达的地区，有相对充足的可流转土地。三是最好具备生态环境好，有可以挖掘的自然资源、历史人文、特色产业等条件。

2. 产业选择

以现代农业中的规模农业、设施农业、休闲农业和智慧农业为核心构建农业产业体系。最好当地拥有比较独特的农林牧渔产品，有条件的特色小镇可以在品牌农业方面发力。在此过程中要注意区域品牌和企业品牌之间的关系，在区域公用品牌的基础之上打造企业品牌。现代农业发展的同时，形成的风貌具备构建良好景观的条件。在发展农业的同时，挖掘具有当地特色的历史文化、自然资源和特色产业等，形成特色小镇的辅助产业，构建特色小镇品牌。

3. 社区

居住社区的首要目标是成为城市居民的第一居所。要建设适于社区居民与农民间交流的空间，打造市民农园是社区居民和农民最好的交流空间和手段。从生活服务、健康服务和快乐服务三个方面构建社区服务体系。

4. 配套

要按照宜居城市标准进行农业特色小镇的配套设施建设。除道路、供水、供电、通信、污水垃圾处理、物流、宽带网络等基础设施外，重点搞好社交空间、休闲娱乐空间、健身设施和文化教育设施建设。尤其是在教育和健康养生等方面，应形成亮点。

5. 景观

农业特色小镇的景观建设以满足居民需要为主，兼顾游客需要，因此不一定需要按照 3A 级景区的标准建设，应该更多地考虑实用性，可以通过挖掘当地的特殊历史人文特色，形成有吸引力的地标性景观。

6. 农民利益保护

在农业特色小镇建设的过程中，农民利益保护是重中之重。要通过提供合理用地补偿、土地租赁、企业入股、提供就业机会、提供培训和良好社会福利等手段，确保农民利益得到切实的保护。

7. 政策与机制

农业特色小镇建设未必一定是建制镇，因此要在用地指标、审批和管理权限方面寻求创新和突破。同时，农业特色小镇的开发，一定要采用市场化的运作机制。政府仅负责政策和规划支持，具体的运作要由市场化的企业主体来进行。

（三）农业特色小镇的前景展望

从本质上讲，特色小镇的核心在于特色，而特色应根据当地的资源禀赋情况，因地制宜。就我国国情而言，农业特色小镇应当在特色小镇中占一定的比例，农业特色小镇不仅是特色小镇中的主要形态之一，而且是特色小镇之“本”。

农业特色小镇盈利模式的重点在于农业特色。农业特色小镇应当以农业为核心，以农林牧副渔为主要盈利模式，同时，注重盈利的多元化，不放弃旅游、观光、养老等收入，实现综合和协调发展。

农业特色小镇发展农业要注重发展特色农业。依托特色农产品或深加工产品，打造地域品牌，塑造企业品牌，或者特色小镇品牌，实现品牌溢价。

四、田园综合体与农业型特色小镇的联系

田园综合体与农业特色小镇虽然有不同，但是也没有十分严密的界限。田园综合体与农业型特色小镇天然契合，当前农村发展建设面临集体经济疲软、劳动力空心化、基础设施不全等痛点。田园综合体简单来说就是补钱、补地、补机制、补固定资产，这些都是当前农村产业发展、乡村建设的瓶颈所在。以田园综合体为方向的农业型特色小镇，内涵是新业态、方向是新产业、构成是新农民。

（一）两者都以产业为核心

完善的田园综合体应是一个包含了农业、林业、牧业、渔业、加工业、制造、

餐饮、酒店、仓储、保鲜、金融、工商、旅游及房地产等行业的三产融合体和城乡复合体。农业型特色小镇依赖农业特色产业以及地域特色、生态特色、文化特色等环境因素，打造具有明确的农业产业定位、农业文化内涵、农业旅游特征和一定社区功能的综合开发项目。

（二）两者都注重体验价值

田园综合体能让都市人体验农耕活动和乡村生活的苦乐与礼俗，陶冶性情，引导人们重新思考生产与消费、城市与乡村的关系，从而产生符合自然规律的自省、自律行为。农业型特色小镇是基于当地的农业产业特色优势，营造一种区别于都市生活方式的、从土地到餐桌到床头的原乡生活方式。

（三）两者都以生态净化为原则

田园综合体让农业与自然密切交织在一起。农田的维持和管理，有利于气候的稳定、储存雨水、调节河川流量并防止洪涝，同时形成绿色的空间和景观。农业型特色小镇能够助力富碳农业，"将工业企业生产的、巨量的、大自然不能自然消纳的二氧化碳，用于农业生产"，强化农业生态保护和修复。

（四）两者皆以乡村复兴再造为目标

田园综合体以乡村复兴和再造为目标，通过蓬勃产业吸引各种资源与人才回流乡村，为乡村注入新活力，打造城乡共享的开放型社区。农业型特色小镇有助于构建产城一体、农文旅产业链、区域融合发展的农业文旅综合体，构建产城乡一体化的新型城镇化模式。

第三节 多元新兴业态

随着农业的不断发展和人们对创新农业的不断尝试，农业的概念已经远远扩大。在农业也需要与时俱进的前提下，发展农业必须颠覆对农业的理解，农业不再是单纯的人与地的关系，随着技术的进步和发展，农业的外延应该扩大到更多的领域。

一、休闲农业地产

休闲农业地产是以休闲农业为依托，在经营休闲农业项目时引入房地产的经营思维，从产品规划、景区服务、营销推广等方面进行地产化运作，从而更好地发挥项目优势，更加深入地挖掘产品的市场潜力。休闲农业地产是休闲农业同地产业的一个嫁接，涉及农业、文化、旅游业和地产业，以休闲农业的分类为基础，与房地产业进行融合、对接，从而形成了休闲农业地产的五种类型。

（一）以农家乐为基础的地产开发

农家乐是休闲农业中最广泛的模式，是以农家为重点，从该地区农民的生活现状、生活方式和民风民俗为吸引物，满足城市居民返璞归真、回归自然的需求的一种农业休闲产业形态。以农家乐为基础的旅游地产开发可以称为农家乐升级版，它整合了乡村旅游与旅游地产，使旅游经济和地产经济相融合，实现乡村旅游凭借旅游地产提升内涵，旅游地产依托乡村旅游提高品牌价值。

（二）以农业观光园为依托的地产开发

农业观光园是以高科技农业或者成规模种植、养殖农业为主体吸引物来满足人们在休闲活动中的相关物质与精神需求的一种农业休闲产业形态。因为农业观光园本身是具有一定土地规模的，可以某项农作物、养殖业或手工副业为卖点，综合餐饮、住宿、采摘、游乐等多项休憩内容，采用“庄园式”地产开发，如采摘篱园、生态渔村、休闲农庄、山水人家、养生山吧等系列农庄、酒庄、水庄、山庄。

（三）以古村落为依托的地产开发

古村落是经过时间和历史的沉淀而完全或部分保留下来的人类居住的区域。这些村落集中反映了当时人们的生活及劳作状态，具有各自的时代特征和地域特征，通常都是遗留下来的宝贵文化遗产，此类产品是田园旅游房地产中资源条件最好的，以保留过往鲜活的生活方式为最佳卖点。

（四）以景区为依托的地产开发

景区是具有一定的自然、人文资源，为游客提供游览、观光、探险、休闲、科考等服务的盈利性机构。以景区为依托开发的旅游房地产，一种是在自然风景周围的度假型地产，另一种是与景区融合进行地产开发的项目。

（五）以新农村建设为基础的农业新村及农村房地产开发

随着一线城市房地产市场逐渐走向成熟和饱和，众多开发商开始向二、三线城市进军，但是迄今为止，农村房地产市场依然是一片蓝海。政府连续颁发了相关文件，预示着新农村建设将成为未来几年的热点。政府加大对于农村基础设施的投入，如公路交通、供电、供水等，这些都为农村房地产的开发提供了良好的基础。农村房地产是在房地产开发的过程中渗透农业文化所形成的一种延伸模式。

二、共享农庄

共享经济的商业模式正在全方位地改变我们的生活方式。当前，一种全新的共享模式——“共享农庄”又开始吸引了大家的关注。

深化农村土地制度改革，实行所有权、承包权、经营权“三权分置”是继家庭承包制后农村改革的又一大制度创新，是农村基本经营制度的自我完善。要围绕正确处理农民和土地关系这一改革主线，不断探索农村土地集体所有的有效实现形式。2017 年 8 月 29 日，国家允许包括北京在内的 13 个城市试点集体土地建设租赁住房政策直接催生了“共享农庄”创新项目。目前为止，北京地区已经有超过 2000 个农庄开始以“共享农庄”的模式经营，这些农庄广泛分布在包括房山、密云在内的十几处北京近郊，而且大部分都位于北京的“一小时经济圈”范围之内，市民既可以选择已经装修好的农庄，也可以定制或者自己装修，自己装修的农庄仅需要支付土地成本。

（一）共享农庄的意义

共享农庄是在不改变农民宅基地所有权的前提下，将农村闲置住房进行个性化改造，形成一房一院一地，并根据需求改造为市民田园生活休闲村、度假养生基地、文化创意产业园区等多种模式，通过互联网、物联网技术为平台，与城市租赁住房需求对接，形成政府、集体经济组织、农户以及城市消费者“四赢”的局面。

“三农问题”向来是我国的首要问题之一，而在新的时代，这一问题最终需要城市的资本、先进的管理理念以及技术反哺方能得以解决。随着中国城市化的快速发展，农村资源闲置、人力外流“空心化”问题成为政府和农民头疼的问题。而北京这样的超一线城市，人口、资本、技术、人才过载，住房过载，造成了同在一城，“城市病”和“农村病”并存的局面。

共享农庄模式的优点在于，可以最大限度地激发农民自愿、自主、自发地参与，在充分尊重农村发展现状与传统民俗风情，并且在不影响正常农村生产生活的前提下，引导盘活农民手中的资源、帮助农民参与创业或发展第三产业，增加农民收入，增强他们的市场与经营意识。

共享农庄的一大重点在于提倡因地制宜，在统一规划引导下，小规模、创新性地发展农庄经济，避免过度城镇化过程中对农业生产环境的破坏，让无法成规模的城镇化或尚未满足开发商开发条件的区域也享受人居升级，逐步实现农民增收与科技导入、城乡交流融合。

共享农庄使用权共享，收益由合作各方共享，资产增值收益大部分归属农民，平台获得信息中介服务费用，日常经营与承包经营权流转中税费归属政府。村民可将现有房屋进行改造升级，将民宿出租，民宿的经营权、股权可转让。城里人、候鸟老人可租赁农田农庄，用于农业生产或农事体验。

（二）共享农庄的类型

1. 产品订制型

对消费者认养的农作物建立档案，严格按照约定标准进行生产。产品成熟后，按照消费者的要求既可配送到指定地点，也可进行代销，将销售收入返还消费者。鼓励省外大型农产品批发市场、菜篮子集团、酒店、企业、学校等在海南省投资“共享农庄”。

2. 休闲养生型

鼓励农村集体组织和农民以出租、合作等方式发展特色民宿客栈，吸引消费者特别是“候鸟”人群前往农庄休闲养生度假。打造“民宿 + 农地”休闲养生产品，把经营权租赁给“候鸟”人群、城市居民，用于农业生产或农事体验。

3. 投资回报型

消费者及投资主体通过众筹等方式募集资金用于发展“共享农庄”，农庄为消费者及投资者提供农资供应、技术指导、托管代种代养、产品销售等配套服务，消费者及投资者按约定获得实物或投资收益回报。

4. 扶贫济困型

引导消费者及投资主体与贫困村或贫困户直接对接，消费者认养贫困户的农作物或者承租贫困户的农地、农房，贫困户通过出租土地、房产或以土地、房产入股获得财产性收入以及通过打理农庄获得务工收入，实现贫困户持续稳定增收。

5. 文化创意型

立足特色资源，吸引各类艺术家、创客利用品牌设计、故事挖掘、艺术再造、农业科普等文创艺术方式，打造特色农庄。

（三）共享农庄发展的要点

1. 加强“共享农庄”基础设施建设

改善农业生产条件，完善农庄通信网络基础设施，完善物流体系建设，推进快递下乡工程。提升旅游功能，完善农庄及周边的道路、景观、旅游厕所、生态停车场、污水处理、标识标牌等设施，实现农庄景区化。

2. 打造标准化“共享农庄”品牌

建立健全“共享农庄”标准体系，并进行认证。为消费者提供绿色、优质、安全的农产品。支持农庄建立农业物联网系统和可视化监控系统，实行全程可视化生产。

3. 开展“共享农庄”专项营销

设计全省统一的“共享农庄”品牌形象，公开遴选专业营销公司，开展推介，打造“共享农庄”品牌。

4. 搭建“共享农庄”网络平台

经认证的“共享农庄”可进入省级平台，参与省级平台组织的集中宣传营销活动，并在平台上发布产品。

三、文化创意农业的两大类型八种形态

文化创意农业是继观光农业、生态农业、休闲农业后，新兴起的一种农业产业模式，是将传统农业与文化创意产业相结合，借助文创思维逻辑，将文化、科技与农业要素相融合，从而开发、拓展传统农业功能，提升、丰富传统农业价值的新兴业态。

（一）专业型文化创意农业项目

专业型文化创意农业项目是单纯地以文化创意农产品、工艺品、饰品等种植、加工、创作与销售为主的文创农业项目。

1. 文化创意农产品农场

文化创意农产品农场，这里指的是单纯从事文化创意农产品的开发与种植的农场，它以农产品的种植为主要功能，通过批发文化创意农产品作为盈利手段。它的规模可大可小，主要目的为提高传统农产品附加值，增加农民收入，为农产品消费者提供丰富的消费产品。

2. 文化创意农艺工坊

文化创意农艺工坊是以文化创意农产品包装、文化创意农业工艺品、文化创意农业装饰品等设计、创作与生产为主要服务职能，以销售此类商品为主要盈利

途径的一种农业项目开发模式。

3. 文化创意农品专营店

此种开发模式主要结合城市或者旅游服务区，为消费者提供文化创意农产品、文化创意农业工艺品、文化创意农业装饰品等销售服务，以此来获得盈利的一种文化创意农业项目开发模式。

（二）综合型文化创意农业项目

1. 文化创意主题农庄

主题农庄模式，是以一个特色鲜明的主题贯穿，以农业要素为主体和题材，以建筑为核心，辅以花园、果园、田园、菜园、树园、牧园等农业生态环境，以为游客提供农事活动体验、农业文化欣赏、居住、游乐、休闲、养生、养老等功能服务为主要目的的一种休闲农业开发模式。于其中，可以增加文创农业景观，品尝、购买文创农产品、文创工艺品，体验文化创意农业节事活动等农业项目。

2. 文化创意亲子农园

亲子农园模式，是以生态农业景观、农作物、禽畜动物、农事活动等为主要元素，供亲子家庭游乐、体验的一种农业乐园。文化创意农业同样可以与其结合开发，将农业景观、农产品、工艺品、农业技术展示、农业节事活动体验融入其中，从而提升亲子农园的品位与价值。

3. 文创休闲农牧场

休闲农牧场，其实是休闲农场与休闲牧场的统称，也有两种结合的情况。此类开发模式主要是以农场或者牧场为经营主体，以农业种植、牧场养殖为主要目的，并辅以休闲、游乐体验服务功能的一种开发模式。同样，文化创意农业的融入能为其增添更多乐趣与价值。

4. 文化创意酒庄

酒庄，一般主要为红酒庄园。它主要以酿酒、葡萄种植、葡萄酒生产为主，并辅以红酒文化体验、展览、销售、休闲度假功能的一种开发模式。同样，文化创意农业的加入与运用，可以为其增添更丰富的产品和更高的价值，增强其发展竞争力。

5. 文化创意现代农业示范园区

现代农业示范区，主要以生态农业、高效农业的现代农业生产为主，并辅以参观、体验等休闲度假服务。同样，于其中并入文化创意农业，可以更好地发挥其示范和游览作用与价值。

文化创意农业的盈利模式主要可通过对文化创意农产品种养殖、文化创意农产品包装设计、文化创意工艺品生产创作、文化创意装饰品制作、批发零售、景观游赏、活动体验、演艺表演、科普教育、宴会会议、餐饮美食、民宿住宿、内部交通、纪念品礼品销售、其他配套服务等不同项目的经营获得来自票务、餐饮、住宿、会务、销售等渠道的盈利。此外，还可尝试招商合作的经营模式，以租赁、物业服务等作为盈利模式。

主要参考文献

［1］阿玛蒂亚·森 . 以自由看待发展［M］. 任赜，于真，译 . 北京：中国人民大学出版社，2002.

［2］查尔斯·I. 琼斯 . 经济增长导论［M］. 舒元，等，译 . 北京：北京大学出版社，2002.

［3］陈少峰 . 文化的力量［M］. 北京：华文出版社，2013.

［4］陈甬军,陈爱贞 . 城镇化与产业区域转移［J］. 当代经济研究,2004（12）.

［5］程卓蕾,孟溦,齐力,等 . 构建测量组织战略绩效的指标体系方法研究［J］. 科研管理，2010（3）.

［6］范剑勇，谢强强 . 地区间产业分布的本地市场效应及其对区域协调发展的启示［J］. 经济研究，2010（4）.

［7］冯骥才 . 城市为什么需要记忆［N］. 人民日报，2006-10-18.

［8］管宁 . 导入产业意识激活农村文化：关于农村文化产业发展的一个视角［J］. 东岳论丛，2009（10）.

［9］郭玉培,强国树 . 杂技之乡吴桥的杂技境外演出收入倍增［N］. 沧州日报，2013-11-08.

［10］贺寿昌 . 创意学概论［M］. 上海：上海人民出版社，2006.

［11］胡亮 . 繁荣中国要有文化灵魂［N］. 中国经济日报，2013-03-13.

［12］黄志斌 . 绿色和谐管理论：生态时代的管理哲学［M］. 北京：中国社会

科学出版社，2004.

［13］季羡林．“天人合一”新解［J］．传统文化与现代化，1993（1）.

［14］金元浦．文化创意产业与北京的发展［J］．前线，2006（6）.

［15］克洛德·列维—斯特劳斯．忧郁的热带［J］．王志明，译．北京：中国人民大学出版社，2009.

［16］李婧．文化何以打造新型城镇［J］．中国文化报，2013-06-08.

［17］李周，任常青．农村空心化：困局如何破解［N］．人民日报，2013-02-03.

［18］厉无畏．创意改变中国［M］．北京：新华出版社，2009.

［19］联合国教科文组织世界文化与发展委员会．文化多样性与人类全面发展：世界文化与发展委员会报告［M］．广东：广东人民出版社，2006.

［20］刘士林．中国都市化进程的病象研究与文化阐释［J］．学术研究,2011（12）.

［21］刘彦随,朱琳,李玉恒．转型期农村土地整治的基础理论与模式探析［J］．地理科学进展，2012（3）.

［22］马克思．政治经济学批判［M］．徐坚，译．北京：人民出版社，1999.

［23］马群杰，杨开忠，汪明生．台湾地区文化产业发展研究：台南与台北、台中及高雄之比较［J］．公共管理学报，2007（4）.

［24］明茨伯格．管理工作的本质［M］．梅萍，等，译．北京：中国人民大学出版社，2007.

［25］申明锐，张京祥．新型城镇化背景下的中国乡村转型与复兴［J］．城市规划，2015（1）.

［26］宋暖．非物质文化遗产产业化传承有关问题的探讨［J］．东岳论丛，2013（2）.

［27］孙亚忠．论我国政府职能界阀和结构的调整及优化［J］．南京社会科学，2007（7）.

［28］汪建根．国民文化消费状况调查：居民文化消费能力总体偏低［N］．中国文化报，2013-03-05.

［29］魏炜，朱武祥，林桂平．基于利益相关者交易结构的商业模式理论［J］．管理世界，2012（12）.

［30］奚建华．从文化产业到文化创意产业：现实走向与逻辑路径［J］．浙江学刊，2007（6）.

［31］亚瑟·H. 史密斯 . 中国人德行［M］. 张梦阳，王丽娟，译 . 北京：新世界出版社，2005.

［32］杨柳 . 费孝通思想探微：谈文化自觉及对文化的作用［J］. 社科纵横，2010（7）.

［33］袁晓婷，陈春花 . 文化资本在经济增长中的表现形式和影响研究［J］. 科学研究，2006（S1）.

［34］袁亚平 . 千景万色看不尽：浙江横店影视产业实验区发展纪实［N］. 人民日报，2009-06-24.

［35］约翰·冯·杜能 . 孤立国同农业和国民经济的关系［M］. 吴衡康，译 . 北京：商务印书馆，1997.

［36］约翰·肯尼思·加尔布雷思 . 经济学和公共目标［M］. 于海生，译 . 北京：华夏文献出版社，2010.

［37］张敬伟，王迎军 . 基于价值三角形逻辑的商业模式概念模型研究［J］. 外国经济与管理，2010（6）.

［38］张曾芳，张龙平 . 论文化产业及其运作规律［J］. 中国社会科学，2002（2）.

［39］张振鹏，王玲 . 我国文化创意产业的定义及发展问题探讨［J］. 科技管理研究，2009（6）.

［40］张振鹏 . 充分发挥城郊旅游产业对新型城镇化的带动作用［J］. 经济纵横，2014（2）.

［41］张振鹏 . 文化 + 康养产业：融合发展如何实现［N］. 中国文化报，2017-09-09.

［42］张振鹏 . 新型城镇化中乡村文化的保护与传承之道［J］. 福建师范大学学报（哲学社会科学版），2013（6）.

［43］张振鹏 . 文化创意产业的中国特性和中国道路［J］. 经济问题探索，2011（11）.

［44］张振鹏 . 我国农村文化创意产业发展初探［J］. 华东经济管理，2013（2）.

［45］赵海燕，何忠伟 . 北京会展农业发展模式与产业特征分析［J］. 国际商务（对外经济贸易大学学报），2013（4）.

［46］周建东，马玉娥 . 让文化“软实力”成为经济社会“硬支撑”［N］. 延安日报，2010-07-17.

后记

生态、田园，自古便是人们渴望返璞归真的净土。随着都市生活节奏的加快，“文化创意 +”农业融合发展而出现的新兴业态，满足了个性化休闲时代传统农业方式所满足不了的现代人的多元化需求。农业在经历了农耕、农业观光、乡土体验、互动娱乐后，开始向创意设计、品质追求、情感共鸣等方向发展。文化创意农业应运而生。

关于文化创意农业，虽然尚未形成相对完善的理论体系，但在实践中已得以发展。文化创意与农业的相互渗透融合，是对种植产品、种植过程、制作包装、产业构建、服务提供等方面进行的创意化特色化打造，从而有效地将科技、时尚和多元主题与人们的生活方式、休闲方式密切结合起来，让文化创意能够落地、生根、发芽、开花、结果，并赋予农业和农村勃勃生机。

我们依然在城镇化进程中，但城镇化不是城市消灭农村的运动，不能想当然地运用所谓标准化的城市发展模式取代既有的农村发展规律，尤其是在文化领域。农村文化发展并非只有产业化一种方式，有些类型的文化资源就目前的实际状况来看，很难以产业方式进行完整的诠释，而经过产业化加工的文化也的确可能改变本来的面目。但发展的探索不能因为恐惧和暂时的困难而停滞，在不可逆转的城镇化趋势中，废弃农村文化的产业化发展这一现实路径，无异于因噎废食。城镇化进程中的农村文化需要以一种“活化”的方式来体现对文化发展规律的遵循，以及对作为发展主体和发展目的统一体的人的关注；农村的城镇化是要让未来的城市拥有过去的农村那样的人与自然、人与人之间的关系处于一种和谐的状态中。这既是发展的道理，也是发展的道路。文化创意，无疑是农业和农村发展中不可或缺的要素。

2019 年中央文件《中共中央 国务院关于坚持农业农村优先发展做好“三农”工作的若干意见》已经发布，这是新世纪以来第 16 个聚焦“三农”的一号文件，体现了党中央解决“三农”问题的决心。乡村振兴战略是对“三农”问题解决模式的升华，作为乡村振兴的新兴支柱产业，在政策红利惠泽下，“文化创意 +”农业融合发展将为农村经济带来新动能，推动“三农”发展进入新阶段。

本书仅仅是对文化创意与农业融合发展问题的初步探讨，粗浅纰漏之处很多，希望本书能够抛砖引玉，促使更多优秀的专家学者和实践领域的从业者关注该领域的研究，为乡村振兴贡献更多的智慧。

张振鹏

2019 年 3 月